親鸞とその時代

平 雅行

法藏館

親鸞とその時代＊目次

II

専修念仏とその時代

日本の女性と仏教

親鸞と女犯偈

IV　親鸞の善人悪人観

嘉禄の法難と聖覚・親鸞

親鸞とその時代

専修念仏とその時代

一　鎌倉仏教論の変容

三つの岩波講座

　ここでは、法然や親鸞の思想がどのような歴史的意味をもっていたのか、お話ししたいと思います。考えてみれば、ここ二十年ほどの間に鎌倉仏教研究は驚くほどの変化を遂げました。たとえば、岩波講座『日本歴史』を見てみましょう。この講座は戦後、三度刊行されていますので、三つの鎌倉仏教論を比較することが可能です。

　まず一九六二年の岩波講座では、川崎庸之《つねゆき》氏が「鎌倉仏教」の論題で執筆されています。細目は「法然から親鸞へ」「栄西から道元へ」「日蓮の登場」となっており、法然・親鸞・栄西・道元・日蓮の五名の思想家について触れています。つまり、一九六二年の段階では、鎌倉仏教論とは鎌倉新仏教論のことであり、彼ら五名の祖師の思想と行動を取りあげてそれを論ずれば、鎌倉仏教全体を論じたことになる。そう考えられていたのです。

一九七五年の講座では、大隅和雄氏が「鎌倉仏教とその革新運動」という題名で鎌倉仏教論を担当しました。細目は「鎌倉仏教論の回顧」「祖師の思想」「既成仏教の対応」「教団の形成」となっています。従来の研究は新仏教に片寄りすぎており、旧仏教の思想家にも十分な目配りをして鎌倉仏教を総体的に把握する必要がある……、こういう観点から大隅氏は「既成仏教の対応」という項目を設けて旧仏教の思想動向を概観しています。しかし、ここでも議論の中心は鎌倉新仏教でした。

ところが、一九九四年の講座で私が執筆した「鎌倉仏教論」では、新仏教の話は全体の五分の一もありません。細目は「顕密仏教と中世社会」「顕密仏教と世俗権力」「鎌倉幕府の宗教政策」「顕密仏教と異端思想」となっていて、新仏教の話は最後の「顕密仏教と異端思想」のところで取りあげたに過ぎません。私はもともと法然・親鸞の研究から出発した人間です。そうした経歴をもつ私のような研究者ですら、今の段階で鎌倉仏教を描こうとすれば、そのほとんどの頁を旧仏教*の叙述に充てざるを得ないのです。

*旧仏教とは、奈良時代に伝わっていた三論・法相《ほっそう》・華厳・倶舎《くしゃ》・成実《じょうじつ》・律の南都六宗と、平安時代に伝来した天台宗・真言宗の計八宗派を指す。古代中世では朝廷が主催する国家的仏事には、基本的にこの八宗の僧侶だけが招かれた。また鎌倉新仏教とは一般に、法然の浄土宗、親鸞の浄

土真宗、栄西の臨済宗、道元の曹洞宗、日蓮の法華宗、一遍の時宗をいう。ただし近年、「鎌倉新仏教」概念の有効性に厳しい批判が寄せられており、それに伴って「新仏教」「旧仏教」の用語を使用しなくなりつつある。本書では、研究史に関わる説明的な叙述を除いては、これらの用語を使わず「顕密仏教」「改革派」「異端派」の語を使用することとする。ただし「顕密仏教」は、旧仏教とほぼ同内容の概念と考えていただいてよい。

同じように鎌倉仏教を論じていても、川崎氏が新仏教の話に終始したのに対し、私の場合はほとんどを旧仏教の叙述に割いており、取りあげる素材が一変しています。一般に、こうした講座ものの原稿では、研究動向を総括することが課題の一つとされています。そのことからすれば、この三つの鎌倉仏教論の違いは、川崎・大隅両先生と私という、三人の研究者の鎌倉仏教観の相違というよりは、むしろ学界全体の研究潮流の変化を反映している、と考えるべきでしょう。つまり、鎌倉新仏教の思想家を論ずれば鎌倉仏教を描くことができると考えられた時代から、顕密仏教を鎌倉仏教の中心と考える時代へと、変化したのです。

このように研究の潮流は、大きく変化しました。しかしこれはただ単に、取りあげる素材が変わったことを意味しているのではありません。素材の変化は、より根源的には歴史像の変化に原因があります。つまり歴史像が大きく変わったために、鎌倉仏教論の構想や視点が根本的に変化し、その結果、取りあげる素材が大きく変わったのです。

旧仏教＝古代的　←――→新仏教＝中世的
↑
荘園領主（寺社・貴族）＝古代的←――→在地領主（武士）＝中世的
朝廷・律令・京都　　幕府・御成敗式目・鎌倉

図1　古典的な中世史像

中世史像の転換

では、鎌倉仏教論に激変をもたらした中世史像の変容とは、どういうものなのでしょうか。私たちは明治時代以来、中世について、ある明確なイメージをもっていました。たとえば、中世を代表する社会勢力は何かというと、これは武士である。寺社や貴族もいるが、彼らは古代的存在に過ぎない、そう考えてきました。武士は在地領主でもありましたので、在地領主制こそが中世的であって、貴族・寺社などの荘園領主は古代的である。同様に中世の政治権力は鎌倉幕府であって、朝廷は古代的な遺制だ。幕府の御成敗式目が中世法なのであって、公家法は古代法である。鎌倉が中世都市の代表であって、奈良・京都は一貫して古代都市である……、このように考えてきました。

とすれば、延暦寺や興福寺などの寺社勢力は荘園領主であり、古代勢力ですので、その思想や教義も当然、古代的ということになる。つまり天台宗・真言宗・法相宗などの旧仏教は、中世においても古代仏教であったに過ぎない。では、中世仏教とは何なのか。旧仏教＝古代仏教を批判して登場した鎌倉新仏教が中世的な宗教なんだ……、私たちは長い間、このように議論をしてきました。図1に示したような明確なイメージを、私たちは長い間、保持してきたわけです。

こうした歴史像のもとでは、浄土教の研究と武士団の研究は同じ意味をもちました。浄土教は鎌倉新仏教の母胎ですし、武士団は鎌倉幕府の母胎です。浄土教の成立過程を論ずることは、武士団のそれと同様、古代的な抑圧のなかから、中世的なものがどのようにして芽生え開花していったのかを論じることです。そのため多くの研究者は浄土教の研究へと向かい、武士団の研究、在地領主制の研究、鎌倉幕府の研究、幕府法の研究、そして鎌倉新仏教の研究に集中しました。

ところが歴史学の世界で、こうした歴史像が批判されるようになったのは、もう四十年以上も前のことです。いろいろな議論が行われましたが、判りやすい話を一つだけ紹介します。これまでの歴史像の何が問題かというと、そこでは古代的なものが永遠に没落しつづけ、中世の最末期にならないと古代が終わりません。

たとえば九三九年に平将門の乱が起こります。東国で将門、西国では藤原純友が挙兵し、東西の武士の反乱により古代貴族は支配の動揺を実感させられます。一一五六年には保元の乱が起こりますが、慈円は『愚管抄』で、この時から「武者の世」になったと述べています。貴族の支配は大きく揺らぐわけです。一一九二年には鎌倉幕府が成立します。危機感をいだいた後鳥羽院は一二二一年に挙兵をしますが、あえなく敗れて幕府が天皇の地位まで左右するようになり、古代貴族たちはさらに没落します。貴族たちは建武政権によって公家中心の政治を行おうとしますが、すぐに崩壊して室町幕府が成立する。朝廷の権限は幕府に吸収されてゆき、古代貴族はますます衰退します。さらに一四六七年の応仁の乱で京都は焼け野原となり、古代貴族たちはさらに没落してゆく……。荘園制がいつまで続くのかについては、応仁の乱説と一五八二年からの太閤検地説に分かれていますが、前者の場合は五百年あまり、後者の説では六百年以上もの間、古代貴族が没落しつづけたことになります。

でも考えてもみてください。あの江戸幕府の繁栄すら、たった二百五十年しか維持できていません。とすれば古代勢力が五百年も、六百年も没落しつづけるというのは、一体どういうことなのでしょうか。古代勢力は中世社会の登場とともに消え去るのではなく、なんと中世社会が終焉を迎えるなかで、古代と中世とが一緒に解体されるのです。これはおかしな話ではないでしょうか。私たちはむしろ発想を逆転すべきだ。古代勢力はなぜ五百年以上もの長期にわたって没落しつづけることが可能だったのか、なぜ彼らは没落しきらなかったのか、彼らを生き延びさせた強靱さの秘密はどこにあったのか、そう問い直すべきでしょう。

そこで、古代勢力はいつまでも古代的な存在であったのではなく、いつか、ある段階で、中世的な存在に生まれ変わったと捉えるべきではないか、そう考えるようになりました。荘園領主も古代的というよりは、むしろ中世的な封建貴族と捉え直すべきだ、ということになりました。そうすると、延暦寺や興福寺は代表的な荘園領主ですから、彼らは中世的な封建権力ということになる。とすれば、旧仏教も中世仏教そのものと捉えなくてはならない。このように考えるならば、貴族・寺社・旧仏教などの中世化の道程を明らかにすることが必要となります。では、古代仏教や古代寺院は、いつ、どのようにして中世仏教・中世寺院に生まれ変わったのか。国家と仏教との関係はどのように変質し、中世仏教の構造はどのようになっていたのか……。新たな課題が次々に登場したのです。

こうして、旧仏教を中世宗教の根幹に据えた、新たな宗教史像の構築が仏教史研究の必須の課題となりました。これが、黒田俊雄氏が一九七五年に提起した顕密体制論です。三つの岩波講座における鎌倉仏教論の違いをもたらした原因は、もっとも根源的にはこうした中世史像の転換にあったのです。

顕密仏教の文化的影響力

考えてみれば、顕密仏教が中世社会に及ぼした文化的影響力は巨大なものがあります。

たとえば百人一首で有名な藤原定家の父親に、藤原俊成《としなり》という歌人がいますが、この俊成は『古来風体抄《ふうていしょう》』という和歌の理論書を書いています。ところがこの本は、天台止観《しかん》という天台宗の教えを思想的なベースにして和歌の理論を構築しています。天台宗の教えは、和歌はどうあるべきかという、その根幹にまで影響を及ぼしているのです。そして、中世の勅撰和歌集では新たに釈教歌《しゃっきょうか》が部立てされて、仏教についての歌が和歌の一ジャンルとして確立しています。また神道・儒教・仏教を同一と考える三教一致説によって、儒教や神道が仏教に包摂されていましたし、末法思想という仏教的歴史観も大きな影響を与えています。さらに能やお茶、あるいは立花《りっか》の世界では、本覚論《ほんがく》という、これまた天台宗や顕密仏教の考えが影響を与えています。そして、その気になって探してみれば、中世の美術・建築・芸能・説話・音楽、どの分野をとってみても、顕密仏教と密接な関連のあることが判ってきます。中世において延暦寺は巨大な存在でしたが、しかしその巨大さとは、ただ単にその政治的力量や領主としての権力の大きさを言うのではありません。文化的パワーにおいて、延暦寺は巨大な存在だったのです。

他方、鎌倉新仏教といわれる法然・親鸞や道元・日蓮、彼らの思想的影響力はどの程度かというと、実は驚くほど小さい。たとえば日本の中世社会では、阿弥陀信仰や念仏信仰・法華経信仰がたいへん盛んです。しかしそれらの内実を検討してみると、そのほとんどは顕密仏教の阿弥陀信仰、顕密仏教の法華経信仰なのであって、法然・親鸞や日蓮は阿弥陀信仰や法華経信仰の世界においてすら全くの少数派です。もちろん、社会的影響力の大きさと思想的意義の大きさとはイコールではありません。孤高の思想家はその孤立ゆえにまた魅力的でもあります。しかし彼らの研究をすることは、あくまで孤絶の思想家の分析なのであって、それと中世仏教や中世文化一般の研究とが直接結びつかないことに自覚的でなければなりません。

実際、中世史の研究をするのに、法然・親鸞・道元・日蓮の思想を知らなくても研究は可能です。だけど顕密仏教の知識なしには、中世史研究そのものが成り立ちません。たとえば、荘園研究の素材の圧倒的多数は顕密寺院の文書です。東寺や東大寺や高野山といった、旧仏教のお寺の史料です。また、政治史研究のために貴族の日記を開いてみると、仏事や神事の記事

図２　親鸞像・鏡の御影(西本願寺蔵)

が膨大に出てきます。顕密仏教の知識がないと、荘園文書や日記の内容すら正確に理解することができないのです。

一方、浄土真宗や日蓮宗は、南北朝・室町時代では名実ともに延暦寺の一門流に過ぎません。彼らが自立した存在となって社会的影響力をもつようになるのは戦国時代に入ってからです。そのため藤井学氏は、「これらを鎌倉新仏教と呼ぶから誤解されるんだ。今後はこの言葉を止めて戦国仏教と呼ぼう」と提唱しています（「近世初期の政治思想と国家意識」岩波講座『日本歴史　近世2』、一九七五年）。私はその提言に大賛成です。しかも曹洞宗は室町・戦国時代に地域社会に定着してゆきますが、定着の媒介となったのは禅思想でも坐禅でもなく、葬送儀礼です。つまり曹洞宗の社会的広がりは、道元の思想の社会的浸透とイコールではありません。

私たちはこれまで、法然・親鸞・道元・日蓮の思想を中世仏教と位置づけてきました。しかし中世社会に受け入れられなかった思想、広まらなかった仏教を、中世仏教と呼んでよいのでしょうか。もちろん、「中世仏教」という用語の使い方は研究者によって様々です。でも私は、それを中世法・中世都市・中世家族・中世文化などと同じ使い方をすべきだと思います。中世で一般的かつ支配的な法を中世法と呼び、中世で一般的かつ普遍的な文化様式を中世文化と呼んでいる以上、中世でもっとも浸透した仏教こそ中世仏教と呼ぶべきではないでしょうか。つまり顕密仏教こそが中世仏教であり、これが鎌倉仏教の中核なのです。これまでの鎌倉仏教論でほとんど取りあげられなかった旧仏教が、鎌倉仏教論の中心となったのは、こうした考えに基づいています。しかもそれはただ単なる論理的要請によるものではなく、むしろ顕密仏教を中世仏教の中核と捉えた方が、中世仏教の実態を無理なく説明することができるという研究者の実感に支えられて、位置づけが大きく変わったのです。

仏教の民衆開放論の破綻

さて私はこれまで、中世史像の転換を背景にして鎌倉仏教論が大きく変化し、古代中世の仏教史像が大きく変わった、と述べてきました。なぜ、この話を最初にしたかと言えば、この問題が法然や親鸞研究に重大な影響を及ぼすからです。私たちは長い間、法然や親鸞を論ずる際に、仏教の民衆開放論を基軸に議論してきました。それは次のような議論です。

平安時代の中後期ともなると、悪僧がひんぱんに強訴を行うようになり、寺院は修行の場から闘諍の場に変質して、旧仏教は腐敗と堕落を重ねた。それに対し、心ある宗教家たちはこうした寺院を出奔して聖《ひじり》となり、別所を拠点に新たな宗教である浄土教を信仰してそれを鼓吹した。そしてこれら聖の思想や活動のなかから、法然・親鸞が登場した……、私たちはこのように論じてきました。また次のような議論も盛んに行われました。

旧仏教は貴族仏教であり民衆救済を放棄してきたが、法然・親鸞らの鎌倉新仏教が初めて民衆を救済の対象とした……。つまり仏教を民衆の世界に開放し、民衆にまで教えを広めていったこと、ここに法然・親鸞らの画期性があると私たちは論じてきました。そして悪人を救済の中心としたこと（悪人正機説）や、称名念仏のように民衆にも行える簡便な行業《ぎょうごう》を往生行としたこと（易行《いぎょう》）が高く評価され、鎌倉新仏教は民衆仏教と評されました。

こうした議論は、長い間、古代中世仏教史の基本的な筋立てでした。ところが、中世史像の転換や仏教史像の変容のなかで、こうした構想に対して根本的な疑義が寄せられ、それが破綻し崩壊しつつあるのです。特に後者の民衆開放論は、法然や親鸞の思想理解と密接に関わるものであるだけに、その崩壊がもたらす影響は深刻です。そこで次に、仏教の民衆開放論がなぜ破綻したのか、お話ししたいと思います。

二　顕密仏教の質的転換

宗教政策の転換

では、民衆開放論は本当に破綻したのでしょうか。法然や親鸞の画期性を、仏教の民衆開放に求めたならば、どういう問題があるのでしょう。最大の難点は、顕密仏教の質的転換を見落としたことです。旧仏教は変わったのです。たいていの仏教史の本は、奈良仏教の盛行や平安初期の最澄・空海の登場に頁を割いていますが、それ以降の旧仏教の動向にはほとんど触れていません。ところが旧仏教はその後、すなわち平安中後期に質的に変化したのです。私たちは、顕密仏教のこの質的変化と民衆化の過程を見逃してきました。

こうした質的変化をもたらした根本要因は、国家の宗教政策の転換にあります。たとえば律令体制のもとでは、仏教は僧尼令《そうにりょう》という法律にしばられていました。お坊さんになろうと思えば、本来なら師匠の許しがあれば僧侶になれるはずですが、律令制下では許されませんでした。国家試験に合格して、政府の許可を得なければ僧侶にはなれません。また、民間伝道にしても、いろいろな規制があって、必ずしも民衆の間で自由に布教することが叶いませんでした。こうした規制がどの程度、行き渡っていたかについては議論がありますが、政府がそれを目指していたのは確かですし、また平安初期の桓武天皇の時代には、これらの規制はかなり厳格に実施されています。

ところが十世紀の初頭になると、もはや律令体制の維持は困難となり、政府は大幅な政策転換に踏み切ります。これが王朝国家体制です。規制緩和と民営化、そして地方分権、いずれも最近のはやり言葉ですが、こうした方向に政策転換が行われたのです。大きな政府から小さな政府への転換、これが王朝国家体制の特徴です。租税制度が人頭税中心から地税中心に変化して、僧尼身分であることと租税制度との関係が切れました。また仏教に対する規制も緩和されて、寺院や宗派の自主的運営に委ねられました。僧侶たちは活動の自由を手にしたのです。

しかしこの自由は苦い自由でもありました。規制緩和は財政援助の後退と一体だったからです。律令体制のもとでは僧尼は一種の国家公務員のような存在であり、彼らはお寺で祈禱を行っていれば済みました。しかしこのような時代は終焉を迎え、厳しい競争の時代に入ったのです。古代寺院は生き残りを賭けて、貴族から民衆まで社会のあらゆる階層に働きかけてゆきました。もちろん、これまでのような国家祈禱だけでは、信仰を集めることができません。この試練のなかで仏教は、個人の祈りや来世の祈りの領域にも進出しました。十世紀から貴族社会を中心に密教や浄土教が盛んになってゆきますが、これは仏教が個人信仰の世界に進出したことを示しています。

このように、王朝国家体制における政策転換の結果、古代寺院は否応なく変質を迫られました。これに十分に対応できなかった膨大な数の寺院が歴史の激流に飲み込まれて消えてゆき、対応できたお寺だけが中世寺院に転生できたのです。古代仏教の中世化がここから始まります。そしてそれは同時に、顕密仏教の民衆化の過程でもありました。

強訴と民衆

顕密仏教が民衆の世界に進出していったことを象徴的に示すのが、悪僧の強訴です。十一・十二世紀になると強訴が頻発するようになります。私たちはこれまで、この強訴を旧仏教の腐敗と堕落の象徴と考えてきました。しかし、果たしてそうでしょうか。

『今昔物語集』に、この時代の受領《ずりょう》の貪欲ぶりを描いた作品があります。受領というのは、今でいえば都道府県の知事に当たります。「受領は倒るるところに、土をつかめ」とありますように、『今昔物語集』では、受領は転んでもただでは起きない貪欲のかたまりとして描かれています。私は先に王朝国家体制のもとで、中央集権から地方分権への転換が図られたと述べましたが、これがその歴史的帰結です。地方への権限委譲の結果、国衙（今の県庁に当たる）は利権の巣窟となり、受領と武士がそこに群がりました。武士は職業的殺し屋のことです。たとえば武士としての清和源氏が実質的に成立したのは源満仲の時ですが、彼の息子に頼親《よりちか》という人物がいます。この頼親のことは藤原道長の日記に出てきまして、道長は彼のことを「殺人の上手《じょうず》」、つまり人殺しの名人と評しています。源氏や平氏といっても、その内実は暴力団そのものです。こういう連中に地方行政が食い物にされました。

それに対して、百姓たちは朝廷に彼らの悪政を訴えて抵抗します。永延二年（九八八）に尾張の郡司百姓たちが国司の藤原元命《もとなが》を訴えたのは、その代表的なものです。教科書などでは、この事件は民衆運動の象徴として取りあげられています。ところが国司らの横暴を郡司百姓が政府に訴えるという形態は十世紀で途絶え、十一・十二世紀になるとそれに代わって強訴が登場するようになります。つまり悪僧の強訴は、民衆運動の発展上に位置しているのです。

もちろん、強訴には多面的要素があります。しかし平安中後期の強訴については、国司や武士に対する民衆の抵抗運動という側面が非常に色濃い。「諸国の土民は課役を逃れんがため、あるいは神人《じにん》と称しあるいは悪僧となりて部内を横行し国務を対捍《たいかん》す」とありますように、顕密寺院の悪僧たちは諸国を往還して地域社会のなかに分け入り、国司や武士に対する民衆の不満を汲みとり組織していったのです。そして実際、顕密仏教が古代仏教から中世仏教へと発展を遂げることのできた真の原動力は、この民衆運動の組織化にありました。顕密仏教の中世的発展はただ単に貴族の保護によって実現したのではなく、むしろ民衆運動との結合によって達成されたのです。

教義の民衆化

　このように顕密仏教は積極的に民衆の世界に進出してゆきました。しかし、今の話はあくまで政治面での話です。では、宗教の面ではどうだったのでしょうか。顕密仏教は果たして、民衆と無縁な貴族仏教だったのでしょうか。

　たとえば十世紀に著された『阿弥陀新十疑』という著作を見てみましょう。これは延暦寺のお坊さんたちの一種の教科書として作られたものですが、そのなかに「未断惑《みだんわく》の凡夫《ぼんぷ》も念仏の力によりて、往生を得る也」と出てきます。「未断惑の凡夫」、つまり煩悩を断ち切ることのできない、普通の人々のことです。そうした普通の人間も、念仏の力で極楽に往生できる、そう書いてあります。次のような文章も見えます。

　　十悪五逆を造るの人も、臨終の時に、心念あたわずと雖《いえど》も、口に南無阿弥陀仏と称《とな》うるによりて往生を得るなり。

「十悪五逆」、つまり親を殺すとか、修行僧を殺すなどといった、仏教でいう最も重い罪を犯した人々、これが十悪五逆ですが、そのような極悪人であっても、臨終の時に南無阿弥陀仏と称えるだけで極楽往生できる、こう明言しています。

　また十一世紀末の『浄土厳飾抄《ごんしょくしょう》』でも五逆・謗法《ほうぼう》の者の極楽往生が語られていますし、十二世紀の末に真言密教の教えを集大成した『覚禅鈔』でも、阿弥陀仏の項目を見ると、

「十悪五逆、なお引接《いんじょう》に預かる」とあります。天台宗だけではなく、真言宗でも「十悪五逆の悪人が阿弥陀仏に救済される」と言っています。さらに法相宗の僧侶に貞慶《じょうけい》（一一五五～一二一三）というお坊さんがいます。彼は専修《せんじゅ》念仏の弾圧を朝廷に要求した人物で、して、それがきっかけとなって建永二年（一二〇七）に法然や親鸞らが流罪となりました。ところが、その同じ人物が、それより十年ほど前に「地蔵菩薩は善人よりも悪人をまず救済する」という悪人正機説を口にしています。しかも建暦二年（一二一二）の史料でも、興福寺の僧侶が「春日大明神は善人よりも悪人をまず救済する」と述べています。専修念仏の弾圧の前にも、弾圧の後にも、弾圧を要求した人々が悪人正機を語っているのです。顕密仏教の世界では悪人救済、悪人往生など常識でありました。

では、こうした仏教界の常識は、世俗社会にどのくらい浸透していたのでしょうか。そこで『中右記《ちゅうゆうき》』を見てみましょう。これは藤原宗忠《むねただ》という貴族の日記ですが、彼は元永三年（一一二〇）二月十二日の日記に次のように書いています。

弥陀の本願は重罪人も棄《す》てざるなり。これによりて往生に志《こころざし》ある人は、ただ念仏を修すべきなり。

阿弥陀仏はどのような悪人であっても、見捨てることはない。だから極楽往生したければ、念仏だけを称えればよい。平安後期の貴族の日記にこのように出てきます。また貴族社会では平安中期以降、法華八講《はっこう》が盛んに行われました。法華経は八巻でしたので、一巻ずつお坊さんが講演を行いそれをめぐって討論する、これが法華八講です。この仏事のハイライトが「五巻の日」と言われるもので、道俗貴賤が多数つめかけました。なぜかというと、この日に提婆達多品《だいばだったほん》の講演が行われたからです。提婆達多品の人気がなぜ高かったのかといえば、悪人成仏と女人成仏が説かれているからです。どのような悪人であっても、また女性であっても、法華経を信ずれば必ず成仏できる。こういう趣旨の講演が行われたために、「五巻の日」には多くの聴衆が殺到したのです。

さらに『梁塵秘抄《りょうじんひしょう》』があります。これは京都で流行していた今様《いまよう》の歌詞を集めたものですが、そこに次の歌が出てきます。

弥陀の誓ひぞ頼もしき、十悪五逆の人なれど、
　一度《ひとたび》御名《みな》を称ふれば、来迎引接《らいごういんじょう》疑はず

阿弥陀仏の誓願はたいへん頼もしい。十悪五逆の極悪人であっても、たった一回、南無阿弥陀仏と口にするだけで、弥陀が来迎して必ず極楽へと迎えとってくれる。それはもう絶対なんだ、そう謡っています。どのような悪人であっても、たった一度の念仏だけで極楽往生することができる、こう語っているのです。

『梁塵秘抄』は一一六九年以前に編纂されていたとのことですので、これはそれ以前に

成立した民衆歌謡だったことになります。一一六九年というのが、どういう時期だったかと言いますと、法然が廻心《えしん》をして浄土宗を開くのが一一七五年、『選択本願念仏集《せんちゃく》』の執筆は一一九八年のことです。親鸞が生まれたのは一一七三年であり、法然のもとに入室するのは一二〇一年のことです。法然が廻心をして浄土宗を開く前に、また親鸞が誕生する以前に、「どのような悪人であっても念仏を称えるだけで極楽往生できる」という思潮が、すでに流行歌として謡われていたのです。

私たちは法然や親鸞の思想を、「どのような悪人であっても念仏を称えるだけで極楽往生できる」という教えと概括しがちですが、しかしこうした思想は彼らの独創でも何でもありません。顕密仏教がすでにそれを語っていましたし、法然が活躍する以前に、また親鸞が誕生する以前の段階で、京都を中心とする民衆の世界で流行歌として謡われるほど流布していたのです。従来の研究は、こうした顕密仏教の質的変化を見逃してきました。仏教を民衆に開放し、救済の手をさしのべるという課題は、法然や親鸞が達成したのではありません。彼らが活動する以前の段階で、顕密仏教の手によってすでに実現されていました。法然らの画期性を仏教の民衆開放に求める議論は、根底から崩壊したと言わざるを得ません。

法然は『選択本願念仏集』を執筆しました。やがてこの書は発禁処分を受け、印板ともども焼き捨てられました。また親鸞は生涯をかけて『教行信証』を執筆しつづけました。もしも彼らの主張が、「どのような悪人であっても念仏を称えるだけで極楽往生できる」というものであったのであれば、彼らの苦難の生涯は一体何だったのでしょうか。流行歌で謡われている程度の自明の教えを主張したがために、彼らは流罪となり、その程度のことを主張するために自らの生涯を捧げたのでしょうか。そんなことはないはずです。

とすれば私たちは、もう一度、根本に立ち戻って改めて問い直す必要があります。仏教の民衆開放に法然らの画期性が認められないとすれば、彼らの画期性を一体どこに求めればよいのか。彼らは何を語り、何を主張しようとしたのか。そしてその歴史的、思想的意味は何だったのか。私たちはこのことを、もう一度、根本から考え直してみなければなりません。そして民衆開放論と悪人正機の評価が密接に結びついていた以上、親鸞の思想を悪人正機説と捉えることすら、検討の俎上に載せなければならないのです。

三　中世民衆と祈禱

技術と呪術の未分離

では法然や親鸞は何を主張したのか、そしてそれが中世社会でどのような意味をもっていたのでしょうか。この問題に答えを出すには、少し迂遠ではありますが、中世社会における祈禱の意味について考えておく必要があります。そこで、やや唐突ですが、治病の問題から話を始めたいと思います。

中世ではお坊さんたちが盛んに病気を治していました。では、どのようにして病気を治したのでしょうか。病気を治すには、まず病の原因が判らないといけません。原因が判ってはじめて、治療が可能になります。では、病気はなぜ起こるのか。鎌倉時代の代表的な医学者に性全《しょうぜん》（一二六六～一三三七）という医僧がいますが、彼は『頓医抄《とんいしょう》』という著書で、この問題に触れています。性全は、天台智顗《ちぎ》の『摩訶止観《まかしかん》』に従って、病の原因には六つあると言っています。

まず最初は四大《しだい》不順です。仏教では四つ、ないし五つの元素によって世界が構成されている、と考えます。この元素に相当するのが四大とか、五大と言われるものです。地水火風の四大、それに空《くう》を加えて五つになります。彼の場合は四大で考えるわけですが、これを人間の身体に引きつけて言えば、地は骨肉、水は血液、火は体温、風は活力となります。したがって四大不順というと、まあ、身体そのものに病の原因があるケース、ということになります。肉体それ自体の変調によって起きる病、これが四大不順です。二番目は飲食《おんじき》不節《ふせつ》。暴飲暴食によって起きる病ですね。三番目は坐禅不節です。『摩訶止観』は坐禅を説いた書物ですので、こういうのが入っている。四番目が業病。自分が前世やこの世で犯した悪の報いが、病となって現れてくる、これが業病です。これは随分深刻な問題を孕んでいるのですが、基本的に先天性の病に相当します。五番目、六番目は魔病と鬼病です。伝染病に当たります。伝染病は本人の身体に病の原因があるのではなく、外部の悪霊の活動によって病が引き起こされる。これが魔病であり、鬼病であります。

こういう病に対して、僧侶がどのように対処したかというと、全般的に、身体そのものに原因がある場合には、漢方薬を与え養生させる。たとえば調息《ちょうそく》、これは一種の腹式呼吸法です。健康によいということで最近でも流行していますが、こういうものを教えたりする。一方、宗教的要因の場合は、罪を懺悔させたり、あるいは祈禱の力で魔・鬼などの魑魅魍魎《ちみもうりょう》を調伏《ちょうぶく》して治療を行う。つまり一人の患者がいれば、その病人に対して、漢方薬を与え、養生の仕方を教え、さらに懺悔をさせて祈禱をする。こういう総合的な対処をすることによって、病気を治そうとしていました。そして当時の漢方薬の中には、現代でも薬として使われているものがいくつもあります。だから治る、こともあったのです。

つまり仏教による治病というのは、単なるお祈りではありません。未熟とはいえ、それなりの医療技術や薬学的知識を駆使して、病に対処しています。このように、仏教のなかには医療技術や薬学の知識が包摂されていました。そしてこのことは技術と宗教が未分離であったことを、たいへんよく示していると思うのです。実際、中世の延暦寺で教えていたのは、天台・真言・禅・華厳・浄土といった仏教諸宗派の教義だけではありません。儒教・和歌といった教養科目はもちろんのこと、「医方」つまり医学・薬学や、農業技術・土木技術や占星術・兵法まで教えていました。中世の仏教は狭い意味での仏教に留まるのではなく、その領域は薬学から農業・土木の世界にまで及んでおり、延暦寺というお寺は今でいえば、一種の総合大学としての性格を有していたのです。中世の知識体系が仏教を基軸に展開したことが、よく判ると思います。

生産活動と宗教

さて今、私は治病の問題から、技術と宗教の未分離についてお話ししました。こうした未分離が医療の世界だけのものであれば、別にどうということはないのですが、実際にはそれは他の領域にまで及んでいます。特に大切なのは、農業の分野です。

黒田日出男氏は技術史の論文で、中世と近世の農業技術の段階差を一口で表現すると、中世は「田遊びの時代」であり、江戸時代は「農書の時代」と概括できると述べています（「戦国・織豊期の技術と経済発展」『講座日本歴史　中世2』東京大学出版会、一九八五年）。つまり戦国時代から江戸時代に「農書」、農業に関する技術書が著されるようになります。こうした書物を通して、農業技術は技術として蓄積され、やがてそれは宗教性を脱して技術そのものとして自立することになります。こうして農業の中枢に技術がすわる時代がやってくる。しかし、それに比べると中世の技術水準は非常に低くて、様々な芸能を神仏に奉納して豊作を祈る田遊びが不可欠でした。つまり中世の農業の中枢には、神仏に対する豊作の祈りが位置していたのです。しかも中世では多くの農民が小経営として自立しましたので、こうした神仏の祈りへの要望は古代よりもはるかに広く、そして深いものになっていました。

延暦寺にせよ、興福寺にせよ、顕密仏教のお寺はお祈りをしていたのですが、そうした祈りの中心は鎮護国家と五穀豊穣《ほうじょう》です。鎮護国家や五穀豊穣というと、随分古めかしいように感じるかもしれません。今の眼からみれば、さして意味のない荒唐無稽なことに、なぜ膨大なお金をつぎ込んだのか。なんてバカなんだ、そう思われるかもしれません。でも、私たちはこれを、中世という時代の文脈の中で理解する必要があります。よくよく考えてみれば、鎮護国家とは平和の実現のことです。五穀豊穣とは経済的繁栄の達成です。つまり顕密仏教は、平和と経済的繁栄を祈禱の力で実現しようとしたのです。

そして平和の確保と経済的繁栄の実現、この二つの課題は現代においても、政治というものが担わなければならない最も枢要な役割ではないでしょうか。今の私たちが政治に求

図3　国家的仏事・維摩会（『春日権現験記絵』宮内庁三の丸尚蔵館蔵）

めているものを、中世の人々は宗教に求めただけです。これは愚劣な迷妄でしょうか。私たちがもしも中世民衆の迷妄を笑うのであれば、その前に、私たち自身を笑わなければなりません。過去の愚劣さを嘲笑する前に、未来からの眼差しによって、私たち自身の迷妄が笑われてあることに想いを馳せるべきです。中世の人々が宗教の妄想に取り憑かれているとすれば、今の私たちは国家という妄想、民族という妄想、そしてマネーという妄想に取り憑かれて生きています。そしてエコノミストという名の神学者たちの託宣に、右往左往しながら生きているのです。これは愚劣な迷妄ではないのでしょうか。もちろん、そうは言っても、この妄想は歴史的現実でもあります。それだけに、私たちがこの妄想の世界をとにもかくにも生きついでゆくしかないのと同様に、中世民衆もまた宗教の世界を生きるしかなかったのです。

　こうしたことからすれば、中世の民衆が祈りの世界に依存するというのは、当然のことだと思います。中世は技術と呪術が未分離で、物を生産するには神仏への祈りが不可欠でした。こういう時代にあって、政府や顕密寺院が五穀豊穣の祈りを行うというのは、これは民衆の要望に応えるものであり、当時の社会のなかでは一種の農業振興政策として機能していたのです。支配者も、また民衆も、そのようなものと捉えていたわけです。

　たとえば、東大寺の大仏を再建した俊乗房重源というお坊さんがいますが、彼は「お寺は民衆のために祈禱を行う。その代わり民衆はお寺に年貢をキチンと納めなさい」、と言っています。なぜ年貢を払わなければならないのか、それは寺社や朝廷が豊作祈願の祈禱を行っているからだ。この重源の発言から、中世の民衆にとって、神仏への祈りがいかに切実なものであったか、その一端が判るように思います。

　実際、修正会《しゅしょうえ》や節句など年中行事の多くは、全国一斉に行われました。たとえば、修正会という正月の予祝《よしゅく》儀礼について見ますと、中央では延暦寺・興福寺といった権門寺院、東国では鶴岡八幡宮寺で行われる。またそれぞれの国では一宮・国分寺や地域の有力寺院で行われましたし、荘園の鎮守でも実施される。さらに、それぞれの村のお堂や社でも行われており、中央から村レベルまで全国一斉に実施されています。

　つまり延暦寺や興福寺といったお寺は中央にただ聳え立っていたのではなく、村のお堂や鎮守にまで至る広大な裾野をもっていたのです。村のお堂や社は、いわば顕密仏教の毛細管としての機能を果たしており、これを媒介として顕密仏教は民衆生活と深く結びついていました。顕密仏教は民衆と無縁な貴族仏教ではありません。確かにそれは、中世の支配体制を支える上で重要な役割を果たしていました。しかし、彼らがなぜ支配体制を補完することができたかというと、民衆的な要望を踏まえた一種の公共的機能を祈禱という形で担っていたからです。日本の中世社会で延暦寺や園城寺・興福寺・東大寺といった巨大寺院が発展し、そして中世社会を通じて彼らがその地位を維持することができたのは、こうしたところに原因があるのです。顕密仏教はまさに中世仏教そのものでした。

四　民衆支配と宗教

神仏による民衆支配

これまではどちらかというと、顕密仏教と民衆生活との幸福な結びつきについて話をしてきました。でも、両者はいつも蜜月の関係にあったわけではありません。もしもそうでないなら、法然や親鸞の登場は不要です。実際には両者の間には、もう一つ、影の部分がありました。今度はその影の世界について話をしたいと思います。

先に私は、中世では技術と宗教が未分離であった、と述べました。このことは、生産活動に宗教が不可分な形で組み込まれていたことを意味しています。宗教を介することなしに、生産活動は成り立たなかったのです。そして生産活動と宗教が未分離だということは、経済と宗教が未分離だったことを意味しています。この経済と宗教の未分離は、やがて社会と宗教の未分離をもたらし、さらに国家と宗教の未分離、ひいては、ありとあらゆる人間活動と宗教との未分離をもたらしてゆきます。まさに中世は宗教の時代でした。

たとえば裁判では、紛争の裁定を神に委ねる神判《しんぱん》が広く行われていました。鎌倉幕府の裁判制度では、証文や証人で理非の決着をつけられない時には、原告・被告の双方を一、二週間、神社に参籠させることになっています。これを参籠起請《さんろうきしょう》と言うのですが、神社に籠もっている間に体調を崩したり、乗ってきた馬が倒れるなど異変が起きた方が負けとなります。また民間では、熱湯に手を入れて火傷をした方を敗訴とする、湯起請《ゆぎしょう》が広く行われていました。これらはいずれも、中世における裁判と宗教の未分離をよく示しています。

戦争も同じです。私たちが考える戦争と中世の戦争とは、随分趣きが異なっています。正和三年（一三一四）の『花園天皇日記』に、北九州の神社で、次のような託宣があったことが記されています。

蒙古が襲来したため香椎《かしい》・筥崎《はこざき》などの神々が防戦したが、香椎宮は半死半生の重傷を負った。さらに祈禱してくれたなら、もう一度、出陣して蒙古と戦うつもりだ。

この話は二つのことを教えています。第一に中世人の世界観にあっては、人間界の戦闘とは別に神々の戦争が行われていました。「凡夫の戦《いくさ》」だけでなく「神の戦」があったのです。第二に、祈禱は神々を奮い立たせるとともに、その威力を増大させる機能を果たしています。そのため寺社でさまざまな祈禱が行われましたが、勝利の暁には、モンゴル襲来のときのように、神仏にも恩賞が与えられました。このことは、祈禱が単なるお祈りではなく、一種の戦闘行為だったことを示しています。つまり戦争と宗教が未分離であり、暴力と宗教も未分離だったのです。

また『沙石集《しゃせきしゅう》』という鎌倉時代の仏教説話集に、次のような話が見えます。九州に浄土宗の信者である地頭がいたのですが、彼の支配する所領に白山社という神社がありました。ところがこの神社は田んぼを隠していたので、地頭は調査を行ってその隠田を没収しました。神社側は何とか許してくれるよう頼みましたが、聞き入れられなかったため地頭を呪咀します。一方、地頭は浄土宗の信者でしたので、「私は阿弥陀仏の加護を受けているのだから、呪咀など怖くない」と高言しました。その結果、どうなったかというと、地頭だけでなく家族も神罰に当たって全滅した、という話です。

『沙石集』はこの地頭を、驕慢きわまりない人物として悪しざまに描いているのですが、でも考えてみれば、彼は脱税を摘発しただけです。神社の脱税を見逃さなかったことが、それほど悪いことなのでしょうか。それはともかく、この説話が示しているのは、中世社会では経済紛争や政治紛争が容易に宗教対立に転化する、ということです。ここでは脱税の摘発が、白山神と浄土信仰との対立に転化しています。逆に言えば、宗教紛争を単なる思想や教義の対立と捉えるだけでは、中世の宗教紛争の本質が見えてこないのです。政治と宗教が未分離であり、経済と宗教が未分離であった結果、政治対立や経済紛争がしばしば宗教対立の形をとって現れました。中世の宗教対立は、宗教や思想そのものの対立であることもありますが、その多くは政治や経済の矛盾の表現なのです。

このように中世では、宗教が未分離なまま様々な領域に浸潤していました。そしてこのことは、領主と農民との関係にも独特の影響を及ぼしています。正中二年（一三二五）に高野山金剛峯寺は、「紀伊国南部庄《みなべのしょう》の地頭職を廃止してほしい」と幕府に訴えました。「この地頭は年貢を押領しているので、彼を罷免して地頭職を高野山に返してくれ」、こう訴えたのです。地頭の罷免と荘園の返還というだけなら普通の話なのですが、高野山はこの主張を独特の言い回しで表現しています。地頭は年貢という「三宝物《さんぼうもつ》」を奪ったのだから、この荘園を「本主仏陀」に返せ、高野山はこう主張したのです。つまり年貢も荘園も、ただの年貢でもなければ、ただの荘園でもありません。これらはすべて仏陀のものだ。年貢を奪い荘園を侵略するのは仏陀に敵対する行為だ、高野山はそう主張しているのです。

また文治二年（一一八六）に源頼朝は、信濃国のある地域に命令を出しました。源平内乱の後、諏訪社の支配が安定しないため、諏訪社の言うことをキチンと聞けと命じたのですが、その際に頼朝は次のように言っています。「諏訪大明神は神主・大祝《おおはふり》の下知《げち》を以て、御宣《おんせん》をなすこととなり」。どういうことかと言いますと、「神主・大祝」は諏訪社の神官、「下知」は命令、「御宣」は諏訪大明神の託宣です。つまり「諏訪社の神官の命令は諏訪大明神の命令である。その命に従わないことは、諏訪大明神に背き敵対することだ」、こう言っているのです。つまり領主の命令はただ単なる領主の命令ではなく、神の命令であり、仏陀の命でした。

さらに建久三年（一一九二）、高野山は備後国太田庄の人々に対して、次のように言っています。「庄官や百姓たちは一生懸命に開発を行って年貢を完納しなさい。そうすれば、あなたたちには現世安穏と極楽往生が約束されるだろう」と。民衆がすべきことは、法華経を読むことでもなければ、念仏を称えることでもない。一番大切なことは年貢を納めることだ。高野山に年貢を納めるということは、仏に年貢を納めることだ。だから仏さまはその奉仕に対して、現世の安穏と来世の極楽往生を約束されますよ、こう語っているので

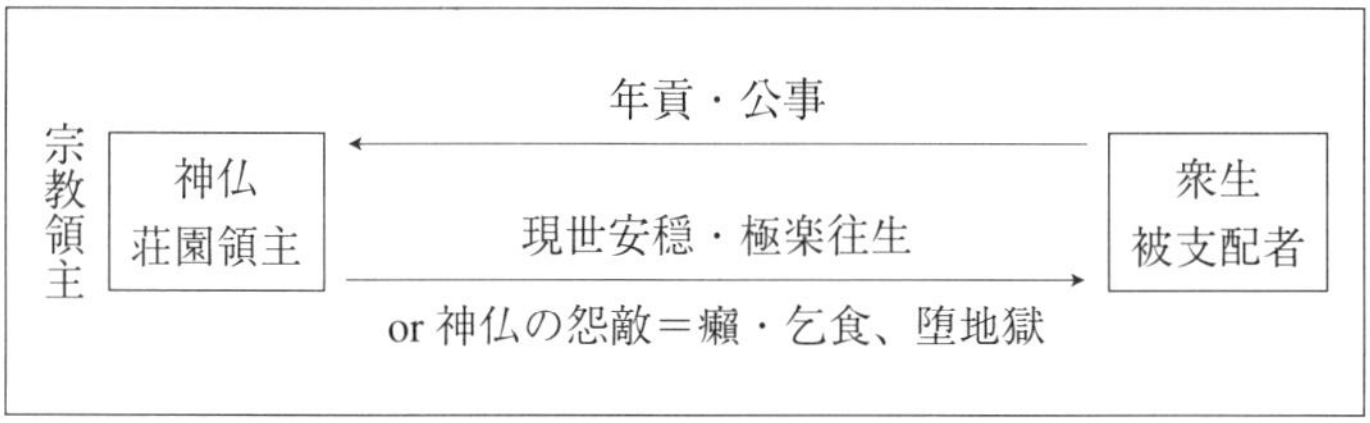

図4　中世の民衆支配と神仏

す。しかし同時に、次のようにも言っています。「もしもお前たちが高野山の命令に従わないならば、両界諸尊をはじめとする仏罰神罰が下るだろう」と。つまり年貢を納めれば極楽に往けるが、領主に背けば地獄に堕ちるのです。

　このように中世の領主と民衆との関係は、単なる政治的経済的な支配の関係だったのではありません。「神仏による民衆支配」という宗教的ベールをまとっていたのです。しかもこれは宗教領主だけの特徴ではありません。領主への従順を神仏に誓約させる起請文を、中世の領主権力一般が民衆支配に利用していました。とすれば「神仏による民衆支配」は多かれ少なかれ、日本の中世封建権力を貫く一般的特徴であり、その経済外強制のあり方を示すものと言えるでしょう。

　図4にありますように、中世では領主が神仏を独占していました。そのため領主は神仏と一体化し、支配されるべき民衆は同時に神仏に救済されるべき衆生《しゅじょう》でもある、という二重性を帯びました。その結果、領主に年貢を納めるという世俗的行為は、同時

に神仏への奉仕でもあるという宗教性を孕みます。年貢を納めることは宗教的善行なのです。そのため従順な民衆に対しては、現世安穏・極楽往生という形で神仏の恩寵が与えられます。しかし、もしも領主に敵対する民衆がいたならば、彼らは神仏の怨敵と指弾され、現世と来世にわたる仮借ない懲罰を受けることになります。つまり領主と神仏の一体化は、極楽往生できるかどうかが領主への従順度によって決まるという、領主側にとってはなはだ都合のよい世界を作り上げることになりました。中世の領主―農民関係は、仏教の論理でもって巧妙に粉飾されていたのです。

祈りの暴力

この問題を考える際に、もう一つ留意しておかなければならないことがあります。宗教の暴力性です。今の私たちが考える祈りと、中世の祈りとは根本的に性格が異なっています。現在の私たちの祈り、たとえば広島の平和公園で祈ったり、あるいは皆でロウソクの火をともして戦争が終わるように祈りを捧げる。こうした祈りと中世の祈りとは、まったく性格が違うのです。何が違うのかと言えば、中世の祈りには実体的力、パワーが付随していました。

たとえば太元帥法《たいげんのほう》という祈りがあります。これは平安時代から明治維新まで約千年の間、毎年正月に天皇護持のために行われた修法でして、天皇が独占した祈禱です。平将門の乱や承久の乱などといった戦乱の際にも実施されており、最近では日清・日露戦争や第二次大戦でも行われました。図5にこの修法の壇図を掲げましたが、これを見ると、ありとあらゆる武器が載っています。これらを前にして呪咀したのです。

太元帥法では修法の際にこれらの武器を手にすることはしませんが、武器を使用する祈禱もあります。たとえば六字《ろくじ》経法《きょうほう》という、貴族社会で盛んに行われていた呪咀作法を見てみましょう。この修法の依頼を受けると、お坊さんは紙か団子で人形《ひとがた》を作って、そこに呪咀する相手の名字を書きます。ここから呪咀儀礼が始まるわけですが、まず、お坊さんは弓矢を使って人形を射殺します。史料に「射殺《いころす》」と、はっきり出てきます。つまり、弓矢を使って人形を射殺す仕種をするのです。次に刀を取り出して、この人形を切り裂きます。切り刻んだあと、それを護摩壇の火で焼いて灰にする。そして、その灰を依頼主のところに持って行って、水に溶かして依頼主に飲ませます。これによって「敵を服む」、史料にはそう書いてあります。こういうふうに呪咀が行われました。

この呪咀作法は、相手の身体に直接危害を加えてはいません。ですからこれは、近代的な意味での暴力ではありません。しかし、中世社会ではこれは明らかに暴力としての実質を備えており、暴力そのものとして機能していました。みんな、これが効くと思っていた

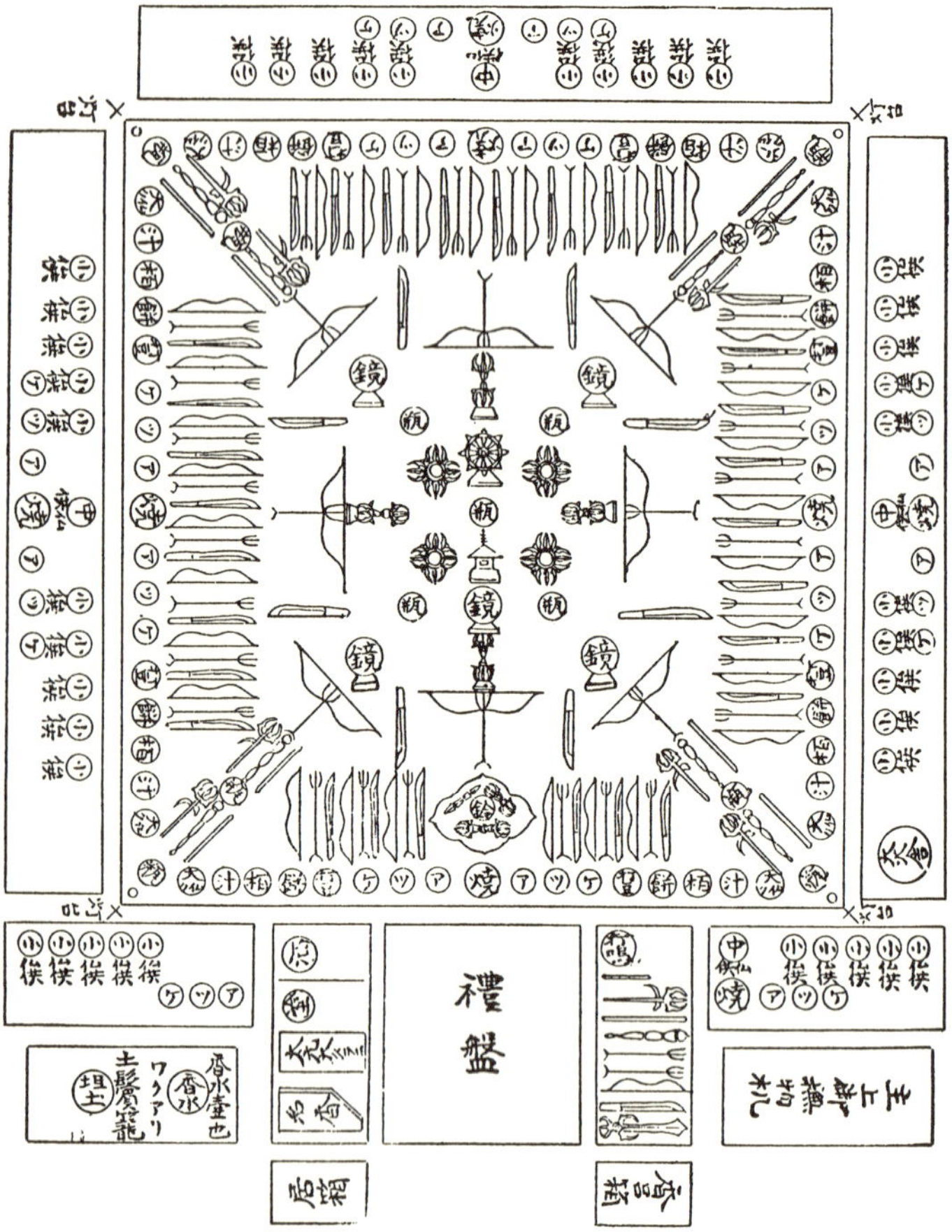

図5　太元帥法の壇図

わけです。私は鎮護国家の祈りを、「平和の祈り」だと言いました。しかしそれは近代的な意味での「平和の祈り」ではありません。中世の祈禱は実体的なパワーであり、暴力そのものです。鎮護国家の祈りとは、宗教的暴力による平和の維持なのです。私たちが軍事力によって平和を守ろうとするのと同様、宗教的暴力によって平和を維持すること、それが鎮護国家の祈りです。

しかし、こうした宗教的暴力は政治的敵対者や反乱軍、あるいはモンゴル軍に対してだけ使われていたのではありません。日常的には農民支配のために利用されていたのです。高野山金剛峯寺は貞和三年（一三四七）から、ある祈りの儀式を始めます。……高野山の例ばかり挙げて高野山には申しわけないのですが、これは延暦寺や興福寺の史料がほとんどなくなってしまったのに対し、高野山に豊富な史料が残っているため、結果的にこういうことになってしまいました。ここで挙げたような事例はいずれも、顕密寺社の世界では普遍的なものであった、そのようにご理解いただければ、と思います。

話を戻しましょう。貞和三年に始まった儀式は、四季の祈禱と言われるもので、性格を変えながら現在も続いています。名前のとおり、年に四回お祈りを行うわけですが、問題は祈りの内容です。そこではまず、天皇の玉体安穏と将軍の武運長久を祈ります。次に年貢を未進《みしん》・対捍《たいかん》した者と、「寺家不忠ノ者」、つまり高野山の命令に背いた人ですね、彼らの名前を書き上げて、彼らに仏罰神罰が下るよう、年に四回、坊さんたちが集まって呪っているのです。

この史料を見た時に、特にショックだったのは、未進の者にも呪咀を行っていることです。未進と対捍とは意味が違います。対捍というのは「なんで年貢を払わな、あかんねん」、これが対捍です。「年貢を納めたいけれど、不作などのため今は払えません」、これが未進です。つまり納める意志をもっているのが未進であり、そもそも払うつもりのないのが対捍です。高野山は、納める意志があるが払えないという、そういう状況の農民に対しても呪咀をしていたのです。こうした名前に対する呪咀は、「名字を籠《こ》める」という形で、東大寺・興福寺などでも豊富に確認することができます。

中世国家を支える暴力装置には二種類ありました。一つは武士に代表される暴力、そしてもう一つは宗教の暴力です。武士の暴力は近代的な暴力観とも通じるものですから、私たちにとって理解のしやすい暴力です。武士は民衆支配のために粗野な暴力を振るいました。阿弖川《あてがわの》庄《しょう》の仮名《かな》書《が》言上状《き》にありますように、言うことをきかない農民がいたなら、耳を切り鼻を削ぎ、女性の場合には髪を剃って尼にしてしまう。このように、武士は民衆支配のために粗野な暴力を日常的に使っていました。

ですから、武士の暴力はたいへん怖い。でも、宗教の暴力はもっと怖いのです。なぜかと言えば、武士の暴力はそれがどんなに苛酷なものであったとしても、死ねば終わりです。彼らの暴力は死者に対しては無力です。ですから死にさえすれば、その暴力を終わらせることができる。だけど、宗教の暴力には終わりがありません。地獄がなぜ地獄なのかと言えば、地獄では死ぬことができないからです。何度殺されても、しばらくすれば生き返って凄惨なリンチが再び始まります。これが永遠に続くのです。宗教の暴力は、終わりのない永遠の暴力です。そして悲惨なことに、中世の民衆は来世の存在、地獄の実在を信じていました。

法然や親鸞が思想形成をした頃、中世民衆はこういう世界を生きていました。「年貢を払えば極楽に往けるが、領主に背けば地獄に堕ちる」、こうした教えに人々の心が、がんじがらめに縛られていたのです。ここには、堕地獄の恐怖を媒介とする、現世の民衆支配が成り立っています。地獄の恐怖が民衆支配を支えたのです。もはや、来世の問題は来世の問題ではありません。来世の問題は、現世の問題そのものだったのです。

五　専修念仏の歴史的意義

法然の善人論

では、法然や親鸞は何を語ったのでしょうか。まず、法然から考えてみましょう。法然はたいへん複雑な思想家ですが、彼の思想的特徴をまず挙げるとすれば、その独特の善人観です。法然は民衆に向かって、「あなた方はみんな善人だ」と述べました。

当時、顕密仏教は民衆に対して殺生罪業観、殺生堕地獄観を教唆していました。生き物を殺すことはよくない、地獄に堕ちる罪業だ、というわけです。当たり前の教えのように聞こえますが、問題は殺生の内容です。この時代の史料を見ていますと、まず狩猟・漁労や養蚕が殺生とされています。これはまあ理解できます。ところがさらに農耕や山林伐採・炭焼きまで殺生の業とされています。特に問題なのは農耕です。なぜ、これが殺生なのかと言えば、田畠を耕せば虫が死ぬ、だから殺生だと言うのです。しかし、狩猟・漁労・農耕や山林伐採までもが殺生だということは、言い換えれば生産労働が罪だ、ということに他なりません。つまり殺生罪業観とは、実は労働罪業説の登場を意味しているのです。人間は労働することによって罪を得る。だから人々は、寺社に結縁奉仕して罪の贖罪をしな

図6　民衆に説法をしている法然（『法然上人絵伝』、知恩院蔵）

ければならない、これが顕密仏教の教えでした。

それに対して法然は、「あなた方には罪がない。皆さんは善人だ」と言い放ちました。あなた方は自分が罪深い、罪深いと考えているが、実際に何をしたというのか。親を殺したのか、仏を傷つけたのか、何もしていないではないか。謂れのない罪意識に悩む必要はない。そう述べて法然は、「かの三宝滅尽の時の念仏者、当時のわ御坊《ごぼう》たちと比ぶれば、わ御坊たちは仏のごとし」と断じています。末法万年後の人間と比べたならば、「当時のわ御坊」、つまり「今のあなた方」は仏のような存在だ、法然はそう語って不当な罪意識から民衆の心を解き放ったのです。仏教の民衆開放ではありません。労働罪業説を否定することによって、謂れのない呪縛から、民衆の心を解放したのです。

現世の平等

さて、法然の思想には、もう一つの側面があります。選択《せんちゃく》本願念仏説の樹立です。法然が登場する以前の浄土教思想というのは、本願念仏説といわれるものでした。これは中国唐代の善導《ぜんどう》（六一三〜六八一）という僧侶が提唱した考えでして、「念仏は阿弥陀仏の本願であるから、どのような人間でも念仏を称えるだけで極楽往生することができる」、これが善導の本願念仏説です。先に紹介した顕密仏教の文献での悪人往生論は、この考えに立脚したものですし、『梁塵秘抄』の歌もこの教えを謡ったに過ぎません。

ところが法然は、善導の影響を受けながらも、この考え方をさらに一歩進めました。選択本願念仏説です。「念仏は阿弥陀仏が選ばれた唯一の本願であるから、念仏以外では往生できない」。これが法然の樹立した思想です。念仏の絶対化と念仏以外の功徳の否定、これが選択本願念仏説なのです。つまり選択本願念仏説とは、諸行往生を否定するところに本質がありました。これに対して、顕密仏教は激しく反発しました。

なぜ諸行往生が否定されなければならないのか。考えてもみよ。われわれ人間は一様な存在ではない。智者もいれば愚者もいるし、善人もいれば悪人もいる。このように人間は多種多様な存在だ。そして私たち人間が多様であるがゆえに、私たちを救済する神仏もまた多様でなければならないし、救済の教えも、救済のための行《ぎょう》も、多様でなければならない。そうでなければ、多様な人々をすべて包摂して救済することができないだろう。ところが法然は、念仏以外の諸行では往生できないと言う。もしも法然の主張が正しいのであれば、一心に法華経を念じて往生を願う者がいたとしても、極楽往生できないことになる。弥陀はその時に、「私は念仏だけを本願とした。お前は法華経を信じたから極楽には迎え入れない」とでも、おっしゃると言うのか。あの慈悲広大な阿弥陀仏が、このような愚かなことをおっしゃろうはずがない。こういうおかしな話になるのは、法然の主張が偏っているからだ。この男は阿弥陀仏にこと寄せて妄言を弄し、仏教そのものを破滅させようと企んでいる。

このように顕密仏教は専修念仏を「偏執《へんしゅう》」と指弾し、悪魔の教えと断じました。実際、彼らが言うとおり、諸行往生を否定すれば来世の平等を確保することは困難です。この時代、法華経を信じて極楽往生を祈るというのはありふれた信仰形態でしたが、法然の主張ではこうした信仰にこめた民衆の素朴な心情をくみとることができません。顕密仏教が怒るのも当然でしょう。

にもかかわらず、法然は諸行往生の否定に固執しました。人々の素朴な心情を踏みにじってまで、諸行の否定にこだわり続けたのです。彼はいったい何を考えていたのでしょうか。そのことを直截に示すのが、法然の最大の論敵であった明恵の『摧邪輪《ざいじゃりん》』です。『選択本願念仏集』を批判したこの書物のなかで、明恵は次のように語っています。

称名一行《ぎょう》は劣根《れっこん》一類のために授くるところ也。汝《なんじ》、何ぞ天下の諸人を以《もっ》て、皆《みな》下劣の根機《こんき》となすや。無礼の至り、称計《しょうけい》すべからず。

仏教の数ある行《ぎょう》のなかで、南無阿弥陀仏と口に称える称名念仏はもっともレベルの低い行だ。なぜ、こうした行が設けられたかと言うと、「劣根一類」の救済のためだ。レベルの低い愚者凡夫の救済のために、こうした行があてがわれている。ところが法然は、称名念仏以外では往生できないと主張している。もしも彼の主張に従うならば、この世に生きている人々はすべて「劣根一類」ということになり、愚者凡夫ということになってしまう。何という無礼な発言か、と明恵は痛憤しています。

しかし明恵のこの法然批判は、諸行往生の否定に賭けた法然の思想的モチーフをみごとに探り当てています。そうです。明恵の言うとおり、法然は、この世のすべての人々が平等に愚者凡夫だ、平等に「劣根一類」だ、と主張しようとしたのです。この世のすべての人々が「劣根一類」であれば、往生行は「称名一行」だけで十分です。いや、その平等性を人々に自覚させるには、往生行は「称名一行」だけに限定されなければなりません。そのために法然は諸行往生の否定に踏み切ったのです。すべての人間は「劣根一類」である、……法然が追求したのは来世の平等ではなく、現世の平等でした。往生行をもっとも低劣と見なされているものに一元化すれば、現世の宗教的平等を主張することができる、ここに法然の最大の思想的発見があります。

法然が登場する以前も、以後も、たいていの民衆は念仏を称えていました。そして顕密仏教は民衆に対し、念仏を専修するよう、勧めてさえいます。初心者が最初からいろいろな行《ぎょう》を修すると、混乱して効果がない。だから愚者はまず、もっともレベルの低い称名念仏を専修して、それを集中的に行じなさい。それが成就すれば、次第にレベルを上げていって、最終的に真の仏法に到達すればよい、これが顕密仏教の考えでした。

ところが法然は諸行往生を否定して、称名念仏を唯一の真の往生行であると主張しました。さらに幸西や親鸞らは、聖道門《しょうどう》（顕密仏教）による悟りを否定することによって、弥陀への信心が唯一の真の仏法であることを論証しました。顕密仏教の世界では、バカな連中にあてがわれた最低の行であった称名を、唯一の真の浄土教、唯一の真の仏法と位置づけ直すことによって、彼らは現世の宗教的平等を達成したのです。最低の行たる「称名一行」の復権は、とりも直さず「劣根一類」の復権であり、「称名一行」を唯一の真の仏法と語ることは、「劣根一類」を唯一の真の人間と主張することでもあります。諸行往生の認否という一見すれば不可解な神学論争に、知識人たちを駆り立てた原因はここにあります。そしてそれゆえに法然や親鸞は、その教学的論証に生涯を捧げたのです。

専修念仏はしばしば「驕慢」と非難されました。しかしこれは、法然の教えが現世の平等であったことの証左です。「驕慢」という批判は、身分制社会のなかで現世の平等を説く者なら誰しもが甘受しなければならない悪罵であったからです。

親鸞の悪人論

そして親鸞は、この世のすべての人間は悪人たらざるを得ない、と断じました。私たちは刃物で人を傷つけたことがないかもしれない。あるいは人を殺したことがないかもしれない。しかし、そのようなことは本質的なことではありません。「さるべき業縁の催さば、いかなる振る舞ひもすべし」。人はある極限状況に追い込まれれば、どのようなことでも行いかねない存在です。そこにあっては、私たちの選択の余地など高が知れています。もしも私が人を殺したことがないとすれば、それはただ単に、私がそのような状況に追い込まれた経験がない、ただそれだけのことを意味しているに過ぎません。ある極限状況に立たされたならば、私たちは、どのようなことでもやりかねない存在です。その意味において、私たちすべての人間は行為の如何《いかん》にかかわらず、悪人たらざるを得ない。親鸞はそう語り、悪人であることに無自覚な顕密僧たちを厳しく批判しました。

労働罪業説に即して語るなら、法然は労働に罪がないと主張してそれを無化しようとしたのに対し、親鸞は末代のすべての衆生を屠沽下類《とこのげるい》と断じました。実際に殺生をしていようと、そうでなかろうと、すべての人間は本質的に殺生の罪を犯しつづけている。つまり人間存在そのものの罪業性を対置することによって、親鸞は労働罪業説を解体したのです。実際の殺生に罪などありません。あるのは人間存在そのものの絶対的罪業だけです。

法然は「すべての人は善人だ」と語り、親鸞は「すべての人間は悪人だ」と語りました。二つの言葉を比べれば、結論は正反対ですが、言おうとしていることは同じです。「すべての人間は……だ」、つまり二人とも現世の宗教的平等を主張しているのです。二人は明らかに師と弟子でした。

ここで留意すべきは、「宗教的平等」という言葉です。この語を、近代的な意味での宗教性、狭い意味での宗教性で理解してはなりません。技術と宗教の未分離に端を発して、中世ではありとあらゆる領域が濃厚な宗教性を帯びていました。こうしたなかで宗教的平等を語ることは、とりも直さず、現実的平等を語ることと同義なのです。一方、技術が宗教から分離して技術そのものとして自立してゆくと、宗教から社会・経済・政治や国家が分離して、宗教は内面的実存的世界に閉じ込められてゆきます。こうしたなかで宗教的平等を語ることと、中世でそれを語ることとは、言葉は同じでも、意味内容がまったく異なるのです。

では現世の宗教的平等を主張することが、実際、どのような意味をもったのでしょうか。そのことを端的に示すのが、親鸞の非人観だと思います。一般に「非人」とは当時の被差別民を指していました。彼らは前世で仏法誹謗の大罪を犯したがために、現世で被差別民となって生まれた、顕密仏教はそう教唆していました。そこで非人たちは自らの贖罪と来世の救済を希求して神仏（＝領主）への奉仕にいそしみ、その結果、彼らは延暦寺など領主権力の最末端の暴力装置として専修念仏の弾圧などに駆使されたのです。被差別民たちの悲しみが、みごとに支配の道具に転化し利用されています。こうしたなかで親鸞は、自らが悪人であることを自覚していない人々のことを、非人と呼びました。これは何を意味するのでしょうか。

親鸞によれば、私たちすべての人間は「穢悪の群生《ぐんじょう》」です。自らがケガレと悪に満ちた存在であることを自覚するよう、彼は求めつづけました。もしも私が誰かを差別する瞬間があるとすれば、私はその時、自分が彼らと同質の「穢悪の群生」たることを忘れています。忘れているから差別するのでしょう。その瞬間に私は、真の意味での非人となるのです。つまり「非人を差別する者が真の意味での非人である」、親鸞はそう主張しました。猟師にも非人にも特別な罪などない、専修念仏はそう語ることによって謂れのない罪意識や罪業観から民衆の心を解放しました。彼らの内面的権威性を復活させ、人間としての誇りと尊厳を回復させたのです。

しかしながら、他方ではさらに生臭い歴史的現実が待っていました。法然は宗教的平等論から諸行往生の否定に向かいましたが、それが荘園制社会の宗教イデオロギーと抵触したのです。荘園制社会の現実のなかに投げ出されたとき、専修念仏の思想は単なる平等論の域を超えて、新たな意味を付与されました。

極楽往生は年貢で決まるのではない。往生は念仏によってのみ決まる、信心によってのみ決まるのであって、それ以外の一切の行為は極楽往生とは無関係だ。まして領主に従順であるかどうかなど、往生とはまったく何の関係もない。怖れる必要はない。聖道門《しょうどうもん》（顕密仏教）はすでに破綻しており、彼らの呪咀とて弥陀の光明に包まれた我らを脅かすことはないのだ。彼らの仏法など、真の仏法ではない。彼らの仏とて、ただの飾りに過ぎない。怖れることはない。何一つ怖れる必要はないのだ。

専修念仏の教えは民衆の世界では、領主と一体となった神仏の権威を解体するものとして機能しつづけました。これが「造悪無碍《ぞうあくむげ》」「本願ぼこり」といわれたものの歴史的実体です。専修念仏は宗教的平等論として出発しましたが、荘園制社会のなかでは「神仏による民衆支配」を解体するものとして機能したのです。ただし残念ながら、このあたりの事情については、法然や親鸞ですら十分に理解することができませんでした。しかし専修念仏の教えが最終的に一向一揆の母胎となったのは、ここに原因があったはずです。

仏教の時代——中世

鎌倉時代には数多くの個性的な仏教者が出現しました。法然・親鸞はもちろんのこと、日蓮・道元や貞慶・明恵など、いずれの人物をとっても、個性的で魅力ある思想家ばかりです。鎌倉時代は、なぜ、このような思想家を数多く輩出したのでしょうか。

日本の中世社会では、仏教は社会や国家のなかで極めて大きな位置を占めていました。まず仏教は、中世の文化体系の頂点に位置しています。古代が神の時代、近世が儒教の時代であるとすれば、中世は仏教の時代です。天皇は転輪聖王《てんりんじょうおう》、院は如来の化身とされ、王法仏法相依《そうい》論のように国家の命運は仏法の盛衰と直結していると信じられていました。そして年貢の納入が宗教的善行とされるなど、世俗社会そのものが仏教に染め上げられて、顕密仏教の五穀豊穣の祈りは民衆生活と深く結びついていました。仏教が社会や国家をおおっていたのです。

しかし他面では、仏教は民衆支配の道具として、歪曲され利用されていました。こうした仏教の現実の姿を目の当たりにしたとき、「これが仏法なのか。いや、こんなものが仏法であろうはずがない。とすれば、真の仏法とは何なのか……」、こうして思想的模索が始まったのだと思います。そして彼らはいずれも仏教を純粋化するなかで、社会のあり方、国家のあり方を厳しく問い直していったのです。しかも仏教が社会や国家をその根元において支えていた以上、社会批判や国家批判は仏教批判として提起されない限り、批判は批判として完結しません。仏教の時代における現実世界への根源的批判は、やはり仏教の形をとらざるをえないのです。

中世において仏教とは、政治や経済から切り離された内面的世界のことではありません。神仏とは不可視の現実であり、顕密仏教は歴史的現実そのものでした。とすれば、その批判者たちは、自らの世界を内的世界に切り開いてゆくしかありません。不可視の現実に対抗するには、内面にありうべき世界を構築し、それを対置するしかなかったのです。法然・親鸞・道元・日蓮らの思想における内面性の深化とは、中世仏教一般の性格によるのではなく、むしろ逆に、中世仏教一般の現実性と非内面性、これが彼らに内面性の深化を余儀なくさせたのです。彼らの思想が今なお私たちに訴えかけるものをもっているとすれば、ここに原因があるはずです。

日本の女性と仏教

一　古代仏教と女性

研究潮流の変化

ここでは、日本において女性と仏教がいかなる関係にあったのか、その歴史的な経緯についてお話ししたいと思います。この方面で大きな影響力をもってきたのが、一九七五年に発表された笠原一男氏の『女人往生思想の系譜』（吉川弘文館）です。笠原氏は、この著書で次のように論じました。①古代仏教は女人結界で女性を排除し、女性と交流しなかったため女人救済を説かなかった。②法然・親鸞らの鎌倉新仏教の開祖が女人往生論や女人成仏論を初めて創出し、それを庶民に布教していった。このように笠原氏は、鎌倉新仏教から女人救済が始まると考えたのです。

この構想は、女人を悪人に置き換えれば、そのままかつての浄土教の議論とぴたりと重なります。すなわち、古代仏教は貴族仏教であったため民衆救済を行わなかったが、鎌倉新仏教になって初めて、法然や親鸞らが悪人往生論を構築して民衆救済を達成していった……と。つまり女人往生についての笠原氏の考えは、基本的に悪人往生についての議論を、女性に置き換えたものであることが判ります。

しかし、こうした考えは、論理と実証の両面で近年、厳しい批判を受けています。何よりも、氏が議論のベースにした悪人往生についての考え方自体が、根底から揺らぎつつあるのです。そして笠原氏とはまったく異なった、新しい歴史像が精力的に模索されています。ここでは、こうした新しい研究動向を紹介したいと思います。

仏教の女性差別

日本における女性と仏教との関係について話をする前に、まず仏教それ自体と女性との関係について、触れておかなければなりません。

残念なことですが、仏教には女性差別的要素が存在しています。たとえば法華経などでは、女性を「五障三従《ごしょうさんしょう》」の存在と位置づけています。「五障」とは、女性は五つのものになることができない、というものです。五つとは、まず梵天王《ぼんてんおう》と帝釈天《たいしゃくてん》です。これはインドの最高の神が仏教に取り込まれて守護神となったものです。次に魔王《まおう》と転輪聖王《てんりんじょうおう》になれない。転輪聖王というのは、正しい教えに則って世界を統治する理想的な国王のことでして、中世の日本では天皇の異称となりました。そして五つめが仏《ほとけ》です。女性は女性のままでは、仏になることが許されていません。女性は成仏することができない、これが五障の考えです。

また、「三従」というのは「幼ない時は父に従い、嫁しては夫に従い、老いては子に従え」という教えです。女性は誰かに頼らないと生きてゆけない非自立的な存在だ、という考えです。この三従の思想はインドのマヌ法典に登場していますので、仏教教団が作り上げたというよりは、インド社会の通念が仏教に流入したものと見てよいでしょう。

しかも、極楽浄土をはじめとする様々な浄土には、女性は存在しません。女性は往生できないのです。実際、インドの天親《てんじん》（世親《せしん》）は『往生論』という著書で、女性は極楽浄土に往生できない、と明言しています。もちろん、往生や成仏を認める文献も多くありますが、その場合でも女性のままではダメです。往生するには、男に生まれ変わらなければなりません。これが変成男子《へんじょうなんし》です。

私は数年前に母を亡くしましたが、葬式の読経の際に、お坊さんが変成男子の祈りを口にしているのを聞いて愕然としました。遺族なら誰しも、亡くなった母や娘、姉や妹と夢のなかであれ、再会したいと願う瞬間があると思いますが、だからといって、男に生まれ変わった母たちと再会したいなどと思うでしょうか。こういう無神経な祈りを、いまだに行っている仏教教団が存在する、私はそのことに強い衝撃を受けました。

また尼の世界には八敬法《はっきょうほう》といわれるものがあります。釈迦のおばにゴータミーという女性がいました。養母となって釈迦を育てた女性ですが、ある日、彼女は自分も出家したいと希望します。それを聞いて釈迦は悩みますが、結局、出家を許可しました。しかしその時に釈迦は、出家を認める代わりに八つの条件を出しました。これが八敬法です。たとえば仏教教団では、出家受戒後の年数（戒臈《かいろう》）によって上下関係が決まるという一種の年齢階梯制をとっていますが、しかし尼については、どんなに長老の尼であろうと新米の男僧の下位とされました。また尼僧は男僧の罪を指摘することも、批判することも認められないなど、ずいぶん厳しいものです。そしてその影響はほんの少し前まで、日本の多くの仏教教団に残っていましたし、いまだに女性差別を十分払拭できていない教団も少なくありません。

古代仏教での尼の活躍

このように残念なことではありますが、仏教には女性差別的要素が少なからず存在していました。ところが興味深いことに、日本に仏教が伝わって間もない飛鳥・奈良時代には、こうした女性差別観が受容されていません。たとえば日本で最初に出家受戒したのは、男ではなく女性でした。『日本書紀』などによりますと、仏法興隆を図る蘇我馬子の意向を承けて、敏達十三年（五八四）に司馬達等《たっと》の娘である善信尼《ぜんしんのあま》ら三名の女性が出家しています。また崇峻元年（五八八）には、彼女たちは正式に受戒するため百済に渡っています。このように、日本で最初の正式の受戒僧は女性でした。

量的にも尼の数が多いようです。『日本書紀』によれば、推古三十二年（六二四）に僧尼の調査を行ったところ、寺が四十六、僧が八百十六人、尼が五百六十九人、計千三百八十五人だったと記されています。考古学の発掘成果によれば、飛鳥時代の寺院の数は約五十とのことですので、この記事の数字はかなり信憑性が高い。とすれば、尼は僧尼全体のうちの四一％、つまり四割あまりを占めていたことになります。これは驚くべき数字ですね。想像以上に古代社会では尼の数が多かったのです。もちろん、僧綱《そうごう》のような管理職的地位に尼がついていないといった問題点もあります。しかし奈良時代には国分寺とともに国分尼寺が全国に設置され、僧と尼がともに国家祈禱に従事していました。社会的な機能や職能の面でも、尼は大きな役割を果たしていたのです。

しかも飛鳥・奈良時代の世俗史料には、五障や三従といった差別的文言が登場しません。亡くなった女性に対して変成男子の祈りを捧げるという、異様な風習もいまだ見えません。

これらのことを総合して考えれば、仏教は日本に伝わったけれども、仏教がもっていた女性差別的要素は飛鳥・奈良時代には日本社会に受容されなかった、ということになります。笠原氏の研究は、まずこのことを見逃しています。

では、当時の日本社会は、なぜ仏教の女性差別的要素を受け容れなかったのでしょうか。まず考えるべきは、当時の日本には、まだ家父長制家族が成立していないことです。「夫婦別財《べつざい》」といって、結婚しても、夫の財産と妻の財産は別々でした。女性は独自の所有権や処分権をもっていて、夫とは別に独自の経済活動を行うことも珍しいことではありません。このように男性中心の家族形態となっていなかったために、女性差別的な話が経典に書かれていても関心を引かなかったのだろうと思います。

もう一つ考えるべきは、仏教がシャーマニズムの土壌のなかで受容されたのではないか、ということです。これは民俗学の桜井徳太郎氏が主張されたことです（「初期仏教の受容とシャマニズム」『日本のシャマニズム　下巻』吉川弘文館、一九七七年）。たとえば邪馬台国の卑弥呼が女性シャーマンとして活躍したのは有名な話ですが、こうしたシャーマニズムは仏教が日本に伝来してきた頃にも、なお大きな影響力をもっていました。この女性シャーマンの後裔として尼が登場してきたために、日本の初期仏教では尼が主導的役割を果したのではないか、というのです。これもたいへん面白い考え方でして、傾聴すべき意見だと思います。

ただし、もう一つ考えなければならないことがあります。中国仏教の影響です。中国における女性と仏教との研究は十分ではありませんが、尼は数量的にも機能的にも無視しえない位置を占めていたようです。たとえばシルクロードの要衝の都市に敦煌《とんこう》がありますが、史料によれば九三六年の敦煌には、僧が三百五十六人、尼が三百七十九人いて、男僧よりも尼僧の方が数が多い。しかも中国では、尼が数十巻の義疏《ぎしょ》（注釈書）を著したり、経典の講義をしたり、また大師《だいし》号や紫衣《しえ》まで勅許されたり、さらには僧官となって比丘尼教団の自治を展開したりと、日本以上に尼の活動は活発なようです。少なくとも宋代以前の中国では、尼はかなり大きな役割を果たしていました。古代の日本仏教も、こうした中国仏教のあり方から強い影響を受けたため、尼の活躍が目立ったのでしょう。

このように飛鳥・奈良時代には、仏教の女性差別観は日本社会に影響を及ぼさなかったのです。しかし女性と仏教との蜜月は、ここで終焉を迎えます。そしてこれから差別と排除の歴史が始まるのです。

二　女性の差別と排除

三　従	728，859，源氏物語
五　障	883，925，938，955，955，957，958頃，961，985，和泉式部集，源氏物語，1012，1025，1030，1058，1072，1074，1077，1084，1084，1086，1088，1097，1098
龍女成仏	947，(985)，985，1002，1012，赤染衛門集，公任卿集，1050，新猿楽記，浜松中納言物語，1084
転女成仏経	884，886，892，938，943，944，947，985，1012，1063，1074，1077，1085，1086，1086，1097，1097，1097

表1　仏教の女性差別文言の登場（11世紀末まで）

＊数字は史料の年代を示し、年代を明示できないものは作品名を記した。僧侶の教学書は日本社会の実態を反映していない可能性が高いので除外した。

女性差別観の受容

では、日本社会が仏教の女性差別観を受容するようになるのは、いつからなのでしょうか。表1をご覧ください。これは「五障」や「三従」といった言葉が、世俗史料にいつ登場したのか、その西暦年を十一世紀末まで集計したものです。世俗史料といっても、ほとんどは貴族社会の史料です。ですから、この表を見れば仏教的女性差別観が日本の貴族社会にどのように浸透していったか、その定着状況が判るはずです。民衆の世界への定着は、さらにもう少し時間がかかります（野村育世「鎌倉時代の古文書にみる女性の仏教認識・心性」『仏教史学研究』三九―一、一九九六年）。

まず「三従」の史料は意外に少ない。これが頻出するようになるのは十二世紀に入ってからでして、その頃から「五障三従」とワンセットで語られるようになります。「五障」は女性が男性よりも罪深いという考えですが、元慶七年（八八三）に初めて登場して十・十一世紀には貴族社会にほぼ定着しています。「龍女成仏」は、法華経を信じた女性が男に変身して成仏できる、という教えです。十・十一世紀に定着しているようです。「転女成仏経」も変成男子を説いた経典です。女性が亡くなると、近親者がこのお経を書写して、男に生まれ変わって成仏するよう祈る風習が流布したのですが、こうした風習の初見は元慶八年（八八四）です。これも十・十一世紀に貴族社会に定着しているようです。

こうして見てみると、仏教的女性差別観は九世紀後半に登場して十・十一世紀に貴族社会に定着した、と結論できます。清少納言や紫式部が活躍したのは十世紀末から十一世紀初頭ですので、彼女たちの時代に女性差別観が貴族社会に定着したことになります。女帝の消滅や貴族女性の政治的地位の低下など、男性中心の社会が形成されてくるなかで、これらが受容されたのでしょう。ちなみに女性の天皇は、尼天皇であった称徳天皇（在位七六四～七七〇）でもって一つの終焉を迎え、それが復活するのは江戸初期の明正天皇です。平安・鎌倉・室町・戦国時代には女性の天皇は出ていません。

ところで、こうした史料で夫や子供たちから変成男子の祈りを捧げられた女性は、どういう人たちであったかというと、皇后・皇太后・内親王・中宮・女御《にょうご》といった、宮中でも最高位の女性たちです。彼女らは身分が高いがゆえに、変成男子を祈られるという特権（？）を持つことができたのです。ところが、こうした後宮の貴族女性は、ほんの一時代前までは、妙音《みょうおん》菩薩の化身と讃えられていました。

妙音菩薩というのは法華経に登場する菩薩です。この菩薩は後宮に入って国王の后となり、国王に勧めて仏法を広める、これが妙音菩薩です。奈良時代では光明皇后のように、後宮の女性たちが仏教の受容・流布の面で大きな役割を果たしていました。だから妙音菩薩の化身とされたのですが、同じ後宮の女性たちが今や変成男子を祈られる存在へと転落しているのです。このように、妻や母親が亡くなると、男に生まれ変わって往生・成仏するよう祈るという、何とも異様な風習は、摂関時代に貴族社会に登場し定着したのです。

ほぼ同じ頃、仏教界にも大きな変化が起こりました。たとえば元慶四年（八八〇）に奈良の西隆尼寺《さいりゅうにじ》という尼寺が西大寺の支配下に入ったのですが、その時、西隆尼寺の尼さんたちには西大寺の僧侶の衣服の洗濯が命じられています。男僧の衣服の洗濯が彼女たちの仕事になったのです。奈良時代には五穀豊穣と鎮護国家、つまり経済的繁栄と国の平和を祈りの力で実現すること、これが尼の職能でした。しかし今や尼の職能は、国家祈禱から洗濯に代わったのです。さらに承平元年（九三一）には、京都山科《やましな》の東安尼寺《とうあんにじ》という尼寺が僧寺に変えられるなど、尼寺は次々に消えてゆきました。こうして平安後期になると、顕密仏教の世界から官尼が消滅してしまいます。尼さんがいなくなったのです。古代仏教と中世仏教との決定的な違いがここにあります。

奈良時代や平安時代では、僧尼というのは一種の国家公務員のような存在でして、独特の特権をもっていましたが、こうした僧尼のうち、尼だけが消えたのです。もちろん、中世社会にも膨大な数の尼がいます。しかし古代の尼と、中世の尼はまったく性格が異なります。古代の尼は国家によって認定されたプロの僧侶です。ところがこうした尼が消え去って、中世で膨大に存在する尼はそのほとんどが「後家尼《ごけあま》」です。夫が死ぬと出家して自宅で夫の冥福と自分の往生を祈る、これが「後家尼」です。尼という言葉は同じでも、その性格は根本的に違っています。もはや尼とはいっても、国家祈禱という公的職能に携わることはなく、自分や近親者の冥福を私的に祈っていたに過ぎません。このように中世社会への転換のなかで、布教者としての官尼が消滅して、女性は救済される立場に閉じこめられてゆきました。そして残念なことに、このことは本願寺など鎌倉新仏教系の教団にも悪しき影響を与えています。西本願寺で女性僧侶が誕生したのは一九三一年のことですし、大谷派で女性住職が認められるようになったのは、なんと九〇年代に入ってからです（『仏教とジェンダー』朱鷺書房、一九九九年）。

女人罪障偈の偽造

話を戻しましょう。平安中期に女性差別観が貴族社会に受け容れられる一方、平安後期には顕密仏教界から官尼が消滅しました。こうしたなかで女人罪障偈《ざいしょうげ》が偽造されます。これは次のようなものです。

所有《あらゆる》三千界の男子の諸煩悩、合集して一人の女人の罪障となる
女人は地獄の使なり、よく仏の種子《しゅじ》を断つ、外面《げめん》は菩薩に似て内心は夜叉の如し

中世の文献で、よくお目にかかる文言です。まず前者は、「一人の女性の罪業の重さは、三千世界にいる全男性の罪業の総計に匹敵する」と言っています。思わず笑ってしまうような内容ですが、いずれの文献も大まじめに議論しています。後者は、『女性は外面は菩薩のようだが、その本質は夜叉のような存在で、悟りへの道を阻む地獄の使いだ』との内容です。そしてこれらの偈は「華厳経に云わく」「涅槃経に云わく」「唯識論に云わく」という形で、『平家物語』『曾我物語』など中世の文献に数多く登場しています。しかしこれらの文言は、実際には華厳経にも涅槃経にも唯識論にも見えません。これは平安末に日本で偽作された文言なのです。つまり日本は、当初は女性差別観を受容しませんでしたが、一旦それを受け容れると、インドや中国よりも、はるかに露骨でいびつなものに、それを変容させたのです。

実際、平安後期の女性の願文を見ますと、女性差別観はいっそう具体的で生々しいものになっています。「身は女人を受け情《こころ》は愚鈍にあり」「空しく婦女の身を受けて、更に因果の道に暗し」「人身《にんじん》なれども女人の身は賤しく」「女人は情志《こころ》弱くして、智浅く愛欲深し」等々の文言が、貴族女性の願文に見えています。こうした願文は一般に、仏事の主催者（この場合は女性）が文人貴族に依頼して作成してもらい、文面が気に入らなければ修正を求めることもありました。このことからすれば、女性自身がこうした差別観を受容していたことが判ります。また母親の冥福を祈った追善願文でも「五障深重《しんちょう》の女形を離れて」とか、「再び五障婦女の姿となること莫《なか》れ」とあって、変成男子の祈りもいっそう生々しいものになっています。

こうした変化は、『日本霊異記』と『今昔物語集』という、二つの仏教説話集を比較すると一目瞭然です。いずれも僧侶が編纂したものですが、九世紀前半に成立した『日本霊異記』には女性蔑視観はうかがえません。しかし十二世紀前半に成立した『今昔物語集』では非常に露骨です。「女人の悪心の猛《たけ》きこと既にかくの如し」「女の賢きは悪《あ》しきことなりけり」「女の心はおそろしきものなり」「世間にある女の罪いかばかりなるらむ」などと、女性の淫乱さ、愚かさ、罪深さを執拗なまでに強調しています。この二つの仏教説話集を比べてみれば、この三百年の間に日本社会がいかに大きく変わったのかが、鮮明に浮かび上がってきます。

三　女人結界の登場

女人結界の性格

こうした女性差別観の受容と定着、そして露骨化という歴史的動向のなかで、さらに新たな事態が出現します。女人結界です。この女人結界は延暦寺では九世紀から、吉野の金《きん》峯山《ぶせん》では十世紀中葉には存在が確認できますが、十二世紀に入ると高野山や上醍醐《かみだいご》に広がっていきます。また東大寺大仏殿も十二世紀初頭までは女性の参籠が認められていたようですが、中葉には女性の立ち入りが禁止されるなど、平安後期に急速に広がっていったようです。そのほとんどは明治の文明開化政策のなかで撤廃されましたが、現在でも奈良吉野の大峰山（金峯山）に残っています。東大寺のお水取りでも、二月堂の堂内に入って聴聞できるのは、今でも男性だけです。大相撲の土俵の女人結界もその名残でしょう。

まず一般論として言えば、女人結界は仏教に由来するものでもなければ、神祇信仰に起因するものでもありません。お寺ではしばしば女性の立ち入り規制が行われています。たとえば中世のお寺を例にとると、箕面の勝尾寺《かつおじ》は七十歳未満の女性が居住することを禁止

図１　吉野の母公堂、女人結界碑

していますが、女性が参籠することは許可しています。京都の神護寺・禅林寺や醍醐の菩提寺では、女性の夜宿を禁止していますが、昼間の参詣は許可しています。お寺は男性僧侶の修行の場であるため、戒律遵守の観点から若い女性の宿泊を禁止しているのです。尼寺でも当然同じことが行われたでしょうから、これは女性差別とは言えません。このように戒律の観点からする立ち入り規制は、年齢や時間帯によって異性の参入を制限しているのです。ところが女人結界では、年齢にかかわらず、また昼夜を問わず、女性だけを恒常的に排除しています。この点で、戒律の観点からする立ち入り規制と女人結界とは、まったく性格が違うのです。事実、女人結界は日本にのみ見られる風習であって、インドや中国には存在しません。女人結界と仏教とは関係がないのです。

しかし、これが日本の神祇信仰やケガレ観に由来するのかといえば、そうでもありません。たとえば神社の服忌令《ぶっきりょう》を見ますと、神社が女性の参詣を禁止するのはお産や月経といった血のケガレに関わる期間だけであって、ここでも女性を恒常的に排除しているわけではありません。このことからすれば、女人結界は仏教に由来するものでもなければ、神祇信仰やケガレ観に由来するものでもない、ということになります。

ところが……、私が今述べたのは、あくまで一般論であって、実際に女人結界の歴史を丹念に見てゆくと話はもう少し複雑です。女人結界の成立に大きく関わった人物が最澄ですが、彼は「盗賊・酒・女等を禁ぜしめ」とあるように、延暦寺への酒の持ち込みと女性の立ち入りを厳禁しています。女性の立ち入りが、酒と並記する形で禁止されたことは、延暦寺の女人結界の出発が、もともとは戒律の観点からする立ち入り規制に由来していたことを示唆しています。最澄は女性の立ち入り規制を、異様なほど厳格に実施したのです。

なぜ最澄がそこまで厳格なことをしたかと言うと、一つは朝廷の政策の影響がありますし、もう一つは彼の政治的野心と関わっています。まず前者から申しますと、大仏建立にみられるように、奈良時代の朝廷は仏教を非常に手厚く保護しました。その帰結が称徳天皇の出家でして、彼女は僧侶の身で天皇に即位した唯一の人物です。しかし出家した天皇が神祀りを主催することや、弓削道鏡への反発もあって、その後は一転して厳しい仏教粛正政策が採られました。そうしたなかで弘仁三年（八一二）朝廷は、法会の場で男女が混在しているのを厳しく非難して、取り締まりの強化を命じています。ある薬師寺の坊さんなどは女性と同じ車に乗ったというだけで流罪に処せられるなど、男女問題が異様なほど厳格に取り締まられたのです。その結果、男性は尼寺に参詣できず、女性も僧寺に参詣できないという異例の事態が生じました。この法令はあまりに厳しすぎるということで、六年後に昼間の参詣を認めるようになりましたが、最澄は逆に同年、延暦寺への酒の持ち込みと女性の立ち入り禁止を宣言したのです。

しかもそれを宣言した弘仁九年（八一八）という年は、最澄が南都仏教界との対決を決意した年でして、彼は南都の小乗戒を破棄して十二年籠山制などを打ち出しています。延暦寺の僧侶は受戒してから十二年間、比叡山で修行に励むことが義務づけられて山を下りることが許されない、これが十二年籠山制です。南都仏教との違いを際立たせるためにも、最澄は他の寺院とは異なる、延暦寺の厳格さと特殊性をアピールする必要があったのだと思います。こういうなかで、延暦寺の女人結界が始まったのです。

ところが平安後期になると十二年籠山制は完全に崩壊し、飲酒も妻帯も公然と行われています。またその頃には、本覚論《ほんがく》という独特の仏教思潮が流行していて、戒律を守ることをバカにするような風潮が仏教界全体に蔓延しました。にもかかわらず女人結界だけが維持されましたし、高野山・上醍醐、そして東大寺大仏殿へと女人結界がむしろ拡大していきます。僧侶の破戒が横行するなかで、なぜ女人結界だけが維持されたのか、維持されただけでなく拡大・強化されているのです。このことは遅くとも十二世紀には、女人結界の性格が大きく変わっていたことを示唆しているはずです。

実際、女性の結界侵犯に対して起きた（と信じられていた）現象をみると、それは一層明白です。たとえば東大寺大仏殿が女人結界となったのは十二世紀中葉のことですが、『七大寺巡礼私記』によれば、「大仏の前の地面はもともと平坦だったが、光明皇后が入堂したために地面が破裂して窪地ができた。それ以来、女性が大仏殿に入ることが禁じられた」と記されています。この他、結界内に女性が立ち入れば、雷・豪雨といった天変地異が起きて侵入を妨げると考えられていましたし、月経の血が一滴流れたために、石になったという話もあります。僧侶が女犯妻帯したため天変地異が起きたなどという話は聞いたことがありませんが、女性の結界侵犯にはこうした話がつきまとっています。つまり、中世の女人結界は戒律が問題なのではなく、女性の存在自体が問題なのです。

私は、女人結界が女人不浄観と密接不可分だと思います。それは女人不浄観によって支えられているのです。だからこそ、不浄な存在（女性）が結界を犯せば守護神が怒って天変・怪異を引き起こして、不浄の侵入を阻止しようとしたのでしょう。僧侶の破戒が一般化するなかで女人結界が拡大していった十二世紀、遅くともこの時期には、*女人結界は女人不浄観を基盤とするものに変質していたと見てよいでしょう。これは、古代から中世への転換期に日本社会が生みだした、独特の歴史的生成物なのです。

＊ただし弘仁十四年（八二三）成立の『叡山大師伝』によれば、最澄が前年に「女人の輩を寺の側に近づくることを得ざれ。いかに況や院内清浄の地をや」と遺言したと記している。この表現からすれば、すでにこの段階から延暦寺の女人結界が女人不浄観に立脚するものであった可能性もある。

女人不浄観の成立

では、女人不浄観はどのようにして成立したのでしょうか。私は、ケガレ観と仏教とが融合するなかでそれが形成された、と考えます。まずケガレ観について述べますと、民俗学者のなかにはこれを日本の文化的伝統と捉える方もいますが、私はその考えは採りません。大山喬平氏は、ケガレ観が平安京という都市や、天皇制という日本の王権のありようと密接に関わるなかで歴史的に形成されてきたことを見事に描いています（『中世の身分制

と国家」『日本中世農村史の研究』岩波書店、一九七八年)。

たとえば九・十世紀になって律令体制が行き詰まってくると、平安京の都市保全政策がおろそかになってゆきます。その一方、人口流入が進んだため、疫病が深刻な問題となりました。そうするとパニックになって、見えない世界への恐怖心が掻きたてられ、あらぬ妄想が次々に湧いてくる。御霊会《ごりょうえ》の初見は貞観五年(八六三)ですし、方違《かたたが》えの初見は貞観七年です。御霊会は祇園祭の源流に当たるもので、疫病退散を祈る祭です。方違えは方角の吉凶を占う陰陽道の考えです。また『源氏物語』をみますと、怨霊《おんりょう》や生き霊・物《もの》怪《のけ》が跳梁しているのが印象的ですが、『六国史』を検索すると、こうした物怪の記事が登場するのは九世紀の中頃からだ、ということが判ります。地獄極楽の観念が浸透して、浄土教が発達していったのもこの頃ですし、ケガレの観念もこの時期に異様な肥大化を見せます。

このように九・十世紀という時期に、平安京という都市的空間の場で、御霊会や方違え・物怪、さらに地獄極楽観やケガレの観念が増殖してゆきました。疫病への恐怖があらぬ妄想を次々と引き起こしていったことが判ります。そしてそのなかで、血に対する観念が大きく変容しました。

古代のイケニエ文化のなかにあっては、血は豊穣をもたらす呪術的力をもつと信じられていました。実際、『播磨国風土記』などには、豊作祈願のため稲の種籾を鹿の血にひたしてから撒《ま》くとか、豊作を願って田んぼに血を撒くなどといった習俗が見えています。ここでは血は豊穣をもたらすプラスの価値とされていました。ところが九世紀中葉の貞観式から、妊娠・月経の女性は神事の前に宮中から退出しなければならない、という規定が登場します。血はプラスの価値から、ケガレというマイナス価値に転じて、清浄確保のために血を忌避するようになったのです。仏教的女性差別観が貴族社会に受容された要因として、こうした女性固有のケガレが意識化されるようになったことも考慮する必要があります。

しかし問題はそれだけでは済みません。仏教は五障というかたちで、女性が男性よりも罪深い存在であることを教唆しました。そしてこの「存在としての女性の罪業」観と、女性固有のケガレ（月経）が意識化され結びついたとき、「女性は存在としてケガレている」という女人不浄観を生みだしたのです。仏教とケガレ観の融合が、より露骨で、より差別的な独特の女性観を作りあげたわけです。そしてこの女人不浄観が歴史的に形成され展開してゆく過程は、日本社会に被差別民が歴史的に形成されていった過程と併行していました。女性の不浄視と被差別民に対する不浄視は、同じ土壌から発生し、やがて日本文化に暗い影を投げかけることになったのです。

では、このように差別され不浄視された女性に対して、仏教はどのように関わろうとしたのでしょうか。

四　顕密仏教と女性

顕密仏教の女人救済

笠原一男氏は、古代仏教は女人救済を説かなかった、と述べました。氏の言う古代仏教とは、南都六宗や最澄の天台宗、空海の真言宗など、いわゆる旧仏教を指しています。最近はこの旧仏教を顕密仏教と呼んでいますので、私もその用語を使いたいと思いますが、では顕密仏教は本当に、笠原氏が言われたように、女人往生や女人成仏を説かなかったのでしょうか。そうではありません。

たとえば『法華義疏《ぎしょ》』という書物があります。聖徳太子が執筆したと言われている『三経義疏』の一つです。『三経義疏』を聖徳太子が著したというのは最近ではほぼ否定されていますが、それはともかく、この『法華義疏』は少なくとも八世紀中葉には成立していたことが確認できます。それを見ますと、法華経薬王品《やくおうほん》を受持すれば「女身を転じて無量寿国に」往生できる、と書いてあります。無量寿国というのは極楽浄土のことですから、女性は変成男子によって極楽に往生できる、と言っているのです。そもそも法華経それ自体が薬王品において、法華経のとおりに修行したなら女性であっても極楽往生できる、と書いてあるのですから、その注釈書が女人往生を語るのは当然のことです。

また法華経の提婆達多品《だいばだったほん》には、龍女成仏が出てきます。これは、五障を背負った女性は成仏できないとの考えに対し、サーガラ龍王の八歳の娘が法華経の力によって男子に変成して成仏してみせた、という話です。そしてこれらをもとに、最澄はもちろんのこと、証《しょう》真《しん》・澄憲《ちょうけん》（一一二六～一二〇三）といった延暦寺の学僧たちはいずれも女人成仏を明言しています。東密では平安末の『五十巻鈔』『覚禅鈔』が法華経法の功能《くのう》として「女人極楽に往生する事」「女人極楽に生ずる事」を挙げていますし、南都の貞慶も『法華経開示抄』で女人往生を説いています。

なかでも明快なのは『浄土厳飾抄《ごんしょくしょう》』です。十一世紀末から十二世紀初めに、延暦寺のお坊さんが執筆したものですが、これを見ますと、「安養《あんよう》世界に女人は生まるるや」、つまり女性は極楽往生できるのかという、まさにぴったりのテーマで議論をしています。「安養世界」とは極楽浄土のことです。そこでこの文章を一緒に読んでみましょう。

　安養世界に女人は生まるるや。
答う。経文及び大師の釈を案ずるに、女人は彼の国に生まると云うべき也。疑いて云

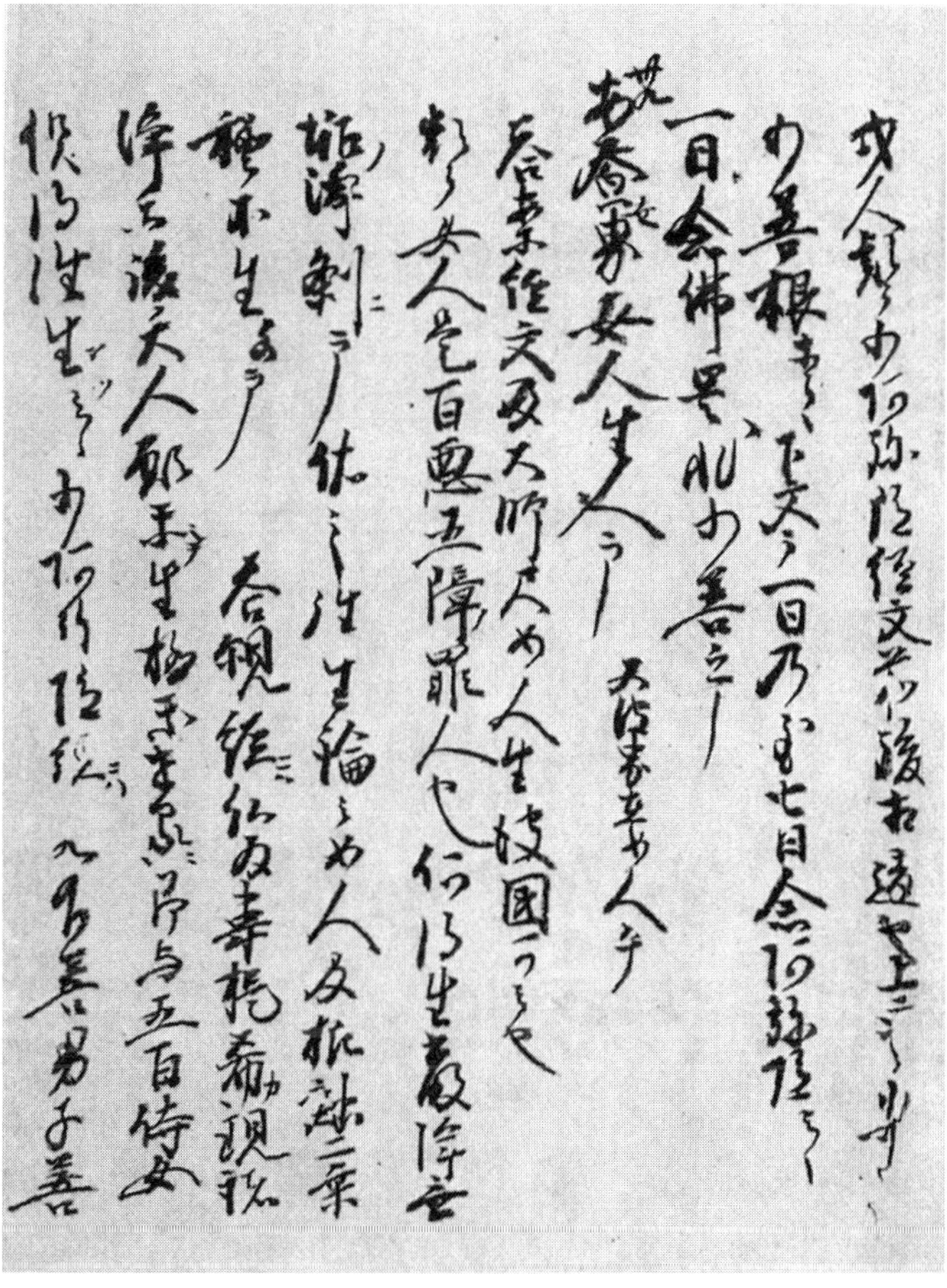

図２　『浄土厳飾抄』の女人往生論（青蓮院蔵）

わく。女人はこれ百悪五障の罪人也。何ぞ厳浄無垢の浄刹《じょうせつ》に生まるることを得んや。これによって往生論に「女人及び根欠・二乗種《にじょうのしゅ》は生ぜず」と云うか。答う。観経には「仏は韋提希《いだいけ》がために諸の浄土を現じて後、夫人《ぶにん》願楽して極楽世界に生ず、即ち五百侍女とともに往生することを得《う》」と云々。少阿弥陀経には「もし善男子・善女人あらば、まさに彼の国土に生ぜんと発願《ほつがん》すべし」文、法花経には「所説修行の女人は極楽に生まる」と云い、大阿弥陀経には「女人往生すれば即ち男子に化成《けじょう》す」と宣《のたま》いたり。これらの経ならびに宗師の所釈によって、かくの如く答うる也。ただし疑難に至りては、十悪五逆の人も臨終十念の力にて彼の国に生まるることを得る也。況《いわ》んやまた女人なりといえども、宿善開発《かいほつ》すれば、何ぞ安養界に生まれざらんや。

まず、「極楽浄土に女性が往生できるのか」というテーマに対し、論者は「経典や注釈書を検討した結果、女性は極楽往生できるというべきだ」と結論を提示します。すると反論がなされます。「女性はきわめて罪の重い罪人だ。極楽往生できるというのは誤りではないのか。天親の往生論も、女性は往生できないと断言している」。この批判に対して論者は、女人往生を説いた経文を次々に反証として例示し、そして「観無量寿経・阿弥陀経・法華経・無量寿経、これらいずれもが女人往生を認めている。だから私の結論が正しいのだ。ただし、あなたの疑問については次のように答えたい。十悪五逆を犯した極悪人であっても、臨終の念仏によって極楽往生できる。だから女性でも往生できるのは当然だろう」。このように『浄土厳飾抄』は女人往生を明言しています。

注意すべきは、この史料の性格です。この時代の僧侶教育は論義《ろんぎ》を通じて行われました。今でいえばディベートです。そして『浄土厳飾抄』という書物は、討論に取りあげられる主要なテーマについて、どういう論拠を提示して、どのように議論を展開すべきなのかを教えた、一種の教科書的な作品です。したがってこれは延暦寺のある特定の人物の意見の表明というよりは、当時の天台宗の共同規範を示していると言えるでしょう。天台宗の世界では、女人往生は常識だったのです。

もう一つだけ史料を紹介しておきましょう。鎌倉時代の末に花園天皇という天皇がいました。後醍醐天皇に皇位を奪われた人物ですが、彼は詳細な日記を残しています。そこに、元亨二年（一三二二）父親の伏見院の冥福を祈るため、法華八講を行った記事が見えます。法華八講というのは、諸宗のお坊さんを招いて開いた法華経に関する討論会のことです。そしてこの伏見院の法華八講は、朝廷の年中行事となった国家的行事でした。

さて、元亨二年九月二日の記事を見ますと、「女人は安養に往生すべきや」というテーマで興福寺と延暦寺の僧侶が討論をしており、「往生すべきなり」との結論で落着しています。つまり中世国家の公的行事の場でも、女性の極楽往生が明言されているのです。笠原氏の予想に反して、顕密仏教の世界では女人往生や女人成仏は常識だったと言うべきでしょう。

実際、中世の天台教学での主要なテーマの一つは、悪人成仏や女人成仏を明言した経典はどれかという問題であり、彼らはそれが法華経であると論じて法華経の最勝性の根拠にしています。つまり天台宗の人々は、「数ある経典のなかで法華経だけが女人成仏を明言している。だから法華経が一番優れている」と主張しているのです。顕密仏教の世界では、女人成仏など当たり前のことです。

では、女人往生や女人成仏が僧侶の世界で常識であったとしても、その教えは世俗社会に浸透していたのでしょうか。そこで『梁塵秘抄』を見てみましょう。

龍女はほとけに成りにけり、などか　われらも成らざらん、
　五障の雲こそ厚くとも、如来月輪《がちりん》隠されじ

女の殊《こと》に持《たも》たむは、薬王品に如《し》くはなし、
　如説修行、年経《ふ》れば、往生極楽疑はず

前者は、「法華経の提婆達多品によれば、龍女ですら法華経で成仏しているのだから、私たち女性の罪がどんなに重くても、きっと成仏できるはずだ」と言っています。また後者では「女性は法華経の薬王品を特に信じるべきだ。それを受持していれば極楽往生は間違

いない」と謡っています。この『梁塵秘抄』は十二世紀中頃に、流行歌の歌詞を集めて編纂されたものです。親鸞が生まれる前であり、法然が浄土宗を開く以前のことです。つまり法然や親鸞が活動する以前の段階で、すでに顕密仏教の女人往生・女人成仏の教えは流行歌に謡われるまでに、民衆の世界に広がっていたのです。

差別的救済論

しかし注意しなければならないのは、このような女人救済論が差別的救済論であったという事実です。女人往生論にせよ、成仏論にせよ、いずれも変成男子説を前提にしています。女性のまま往生・成仏できるというのではなく、男に生まれ変わって初めて往生・成仏できるのです。しかも、いずれの場合も、女性の罪の深さを執拗なまでに強調し、そして次のようにして救済を説くのです。

女性は非常に罪深いため、数多くの経典や仏菩薩たちは女性の救済を拒絶してきた。しかし、そうしたなかにあって、○○だけは女性をお救いになるのだ。

これが女人救済論の典型です。ここでは女性の罪深さが強調されればされるほど、救済のカタルシスはよりいっそう劇的なものとなります。つまり女性の罪業を強調すればするほど女性信者が増大し、彼女たちはますます信仰にのめり込んでゆくのです。みごとな語り口と言うほかありません。しかし、こうした言説のいかがわしさは明らかです。なぜなら実際には、この「〇〇だけは」の部分に、いろんなものが入るからです。曰く「法華経だけは」、曰く「阿弥陀仏だけは」、曰く「光明真言だけは」等々……。みごとな言葉の詐術です。

確かにインドや中国では、女人成仏や女人往生を認めない議論が存在していました。そうしたなかでなら、こうした発言も一定の意味があったでしょう。それは認めます。しかし、日本の仏教界では「女性が往生できない」とか、「女性が成仏できない」と主張した僧侶は皆無です。誰一人いませんし、そう主張した文献も確認されていません。そしてすべて、先のパターンで女人往生や成仏を説いているのです。考えてみれば、古代以来、宮中の貴族女性が一貫して仏教界の有力なパトロンであった以上、顕密仏教が女人往生を否定しようはずがありません。彼らはただ女性の罪深さを強調することによって、貴族女性の信仰を獲得しようとしただけです。ただしそれは別の角度から眺めれば、現世での女人罪業観や蔑視観を再生産しながら来世救済を説くことでもあります。この点で、顕密仏教の女人救済論は差別的救済論そのものなのです。

> 伏して惟《おも》んみれば、過去聖霊《しょうりょう》は五障の身といえども頻《しき》りに五塵の苦域を厭《いと》う。三従《さんしょう》の姿といえども偏《ひと》えに三尊の迎接《ごうしょう》を欣《ねが》う。

これは庶民女性の死者に対する哀悼の言葉の典型です。鎌倉末に編纂された『普通唱導《ふつうしょうどう》集』という、お坊さんのためのマニュアル本に見えるものです。ここでは「亡くなった方は女性ではあるが、仏法を深く信仰していた」と語って、故人を称揚しています。「彼女（あなた）は普通の女性とは違う」、そう讃えて特定女性の自尊心をくすぐりながら、結果的には女性一般への蔑視をさらに牢固なものにしているのです。

しかも浄土宗や浄土真宗では南北朝・室町時代に、女人正機説を唱えるようになります。女性は男性よりも罪深いので、阿弥陀仏はまず女性を中心に救済しようとした、という教えなのですが、そこでも、

疎《うと》むべし、厭《いと》うべし、女人に賢人なし。胸に乳ありて心に智なきこと、げにげに女人なり。あい構えてこの度、弥陀の本願に取りすがって、この疎ましき女身を捨ておわしますべく候。（聖聡『大経直談要註記』）

のように、女性の愚かさ・疎ましさを執拗に強調しています。私は、親鸞は悪人正機説を唱えたのではなく、むしろそれを克服しようとしたと考えているのですが、それはともかく、この女人正機説が顕密仏教の差別的救済論の延長上にあることは明白でしょう。いや、むしろ、差別的救済論はこの女人正機説によって頂点に達したのです。このように、女人救済論と女性差別観は楯の両面でした。女性差別観が深まれば深まるほど、女人救済論が

発達するという関係にあったのです。

このように女性の社会的地位の低下のなかで、仏教は女性差別観や不浄観を社会に撒き散らしました。いや、むしろ社会的実態に先行して、仏教が女性差別を先導した感すらあります。そして日本の仏教は女性差別観を蔓延させながら、差別的救済論を説いていったのです。ただしその際、一点だけ留意しておくべきことがあります。顕密仏教は女性の全存在を否定しつくしたのではありません。女性のある一側面についてだけは高く評価しました。母性です。母親への恩、母の偉大さだけが過剰に強調されました。家父長制社会では女性の存在価値は、家の後継者を産むという母性機能に収斂されましたので、この母性評価は家父長制社会のあり様とみごとに対応しています。また家父長となった息子に、亡母の菩提を弔う盛大な仏事を行わせるためにも、母の恩の強調は必要不可欠な言説でした。

五　女人罪業論の否定――道元

では日本仏教には、このような呪われた思想しか存在しなかったのでしょうか。仏教界の大勢は、確かにこのような差別的救済論に終始しました。また法然や親鸞は差別的救済論そのものを批判した思想家ですが、残念ながら彼らは凡夫・悪人といった人間一般の平等性に関心を集中させており、女性差別についてはきちんと取り組んでいません。しかし一人だけ、その課題を担った思想家がいます。道元です。

そこで最後に、道元の『正法眼蔵』礼拝得髄《とくずい》の一節を一緒に読んで、この話を終えたいと思います。

女人何の咎《とが》かある。男子《なんし》何の徳かある。悪人は男子も悪人なるあり。善人は女人も善人なるあり。聞法《もんほう》を願い出離《しゅつり》を求むること、必ず男子女人によらず。もし未断惑《みだんわく》の時は、男子女人同じく未断惑なり。断惑証理《しょうり》の時は、男子女人、簡別《けんべつ》さらにあらず。

（女に一体何の罪があるというのか。男であることに何の徳があるのか。男にも女にも善人もいれば悪人もいる。そもそも仏法を願う気持ちに男女の差など存在しない。煩悩にまみれているときは、男も女も煩悩を背負っているし、悟りを開いたならば男女の区別など毛頭存在しない。）

図3　道元像（宝慶寺蔵）

男であること、女であること自体に徳もなければ咎もない、そもそも仏法の世界に男女差など存在しないと語って、道元は女人罪業論を否定しています。

また日本国に一つの笑いごとあり。いわゆる、或いは結界の地と称じ、或いは大乗の道場と称じて比丘尼・女人等を来入せしめず。邪風久しく伝われて、人弁《わきま》うることなし。稽古《けいこ》の人、改めず。博達《はくだつ》の士も考ふることなし。或いは権者《ごんざ》の所為と称じ、或いは古先の遺風と号して、更に論ずることなき。

（日本という国には、笑止千万なことが一つある。女人結界だ。この邪風は長く続いていて、人々はその正否も判断できなくなっている。修行僧も学僧もこれを改めようとはしない。権者がなさったことだとか、先人の遺風と称して、当否を論ずることすらしない。）

ここでは女人結界を「邪風」と断じています。中国に留学して、高徳の尼僧が活躍しているのを目の当たりにした道元には、女人結界が日本の後進性の象徴と映ったのでしょう。そしてそれを改めるどころか、その当否すら考えることのない日本の仏教界の現状に、深い失望と憤りを表明しています。「権者」という言葉が出てきますが、これは権現などと同じ意味です。仏の化身、もしくは仏の化身ともいうべき高徳の人物、といったところです。道元が延暦寺の出身であることからすれば、この「権者」や「古先」は直接的には最澄を指しているはずです。そして、このあたりから道元の口調は激しくなってゆきます。笑わば人の腸《はらわた》も断じぬべし。権者とは何者ぞ。賢人か、聖人か、神《じん》か、鬼《き》か、十聖《じっしょう》か、三賢《さんげん》か、等覚《とうがく》か、妙覚か。また古きを改めざるべくば、生死流転《しょうじるてん》をば捨つべからざるか。

（女人結界を権者の仕わざとか、伝統とか称するのは、腸《はらわた》がねじ切れるくらい笑止千万な話だ。このような愚かしいものを作り上げた権者とはいったい何者だ。奴がどの程度の悟りに達した人物なのか、言えるものなら言ってみろ。また古いものを変えてはならないのであれば、生死流転を捨ててはいけないことになってしまうだろう。）

随分きびしい物言いですね。最澄以来の伝統だと称して女人結界を維持している人々への、激しい怒りが噴出しています。

最後の一節は少し説明が必要でしょう。私たちは永遠の過去から永遠の未来にいたるまで、地獄・餓鬼・畜生などの六道の世界を輪廻《りんね》しています。何度も生まれ変わって、この世界をさまよい続けています。これが「生死流転」です。しかし仏教は、こうした六道輪廻を「苦」と観じて、そこから離脱しようとしました。これが解脱であり、成仏です。ところが、もしも古いものを変えてはいけないのであれば、私たちは解脱してはならないことになる。成仏しないまま、相変わらず六道の世界を永遠にさまよい続けるべきだ、ということになる。これは仏法を否定することです。つまり、女人結界は古い伝統だから改めてはならない、そう主張する僧侶に対して、道元は「それならお前は成仏を否定するのか。それでもお前は仏教徒なのか」と反問しているのです。

また仏弟子の位は菩薩にもあれ、たとい声聞《しょうもん》にもあれ、第一比丘《びく》、第二比丘尼、第三優婆塞《うばそく》、第四優婆夷《うばい》、かくの如し。この位、天上人間《じんかん》ともに知れり。久しく聞こえたり。しかあるを、仏弟子第二の位は転輪聖王《てんりんじょうおう》よりもすぐれ、釈提桓因《しゃくだいかんいん》よりもすぐるべし。到らざる処あるべからず。況《いわん》や小国辺土の国王大臣の位に並ぶべきに非ず。

(仏弟子の位は大乗仏教でも小乗仏教でも、第一が男僧、第二が尼僧、第三が男性信者、第四が女性信者と昔から決まっているし、誰でも知っている。とすれば、仏弟子第二の位にある尼僧は転輪聖王や帝釈天より地位が上ということになる。彼女たちが入れない場所などあってはならない。まして彼女たちの位は、世界の最果てにある日本ごとき小国の国王や大臣と比較するのも愚かしい。)

痛烈ですね。私は最初に五障の話をしましたが、転輪聖王も帝釈天も五障に入っています。これらになれないことが女性の罪深さの象徴とされたのですが、ところが道元は仏法至上主義の立場から、それらよりも比丘尼の方が上だと主張しているのです。転輪聖王は聖なる国王とはいっても、在俗の信者に過ぎません。帝釈天とて、仏の守護神ではありますが、所詮、神は神です。仏教の論理からすれば、出家していない神や国王よりも、出家した比丘尼の方が位が高いことになります。道元は女人五障論を完全に解体したのです。

最後の「況や小国辺土の国王大臣の位に並ぶべきに非ず」、これもすごい発言です。仏教的世界観では、日本は世界の最果てにある粟粒のような小国、ということになっています。世界の中心を支配する聖なる国王、あの転輪聖王よりも比丘尼の方が位が上なのです。ですから、辺境の小国たる日本ごときの国王や大臣と、比丘尼との位の上下関係など言うまでもない、ということになります。この程度の連中が立ち入っている道場に、なぜ比丘尼が入れないのか、と道元は憤っています。

今、比丘尼入《い》るべからずと云う道場をみるに、田夫野人《でんぷやじん》・農夫樵翁《しょうおう》、乱れ入る。況や国王大臣、百官宰相、誰か入らざるあらん。田夫等と比丘尼と、学道を論じ、得位《とくい》を論ぜんに勝劣ついに如何《いかん》。たとい世法にて論ずとも、たとい仏法にて論ずとも、比丘尼の到らん処へ、田夫野人あえて到るべからず。錯乱の甚だしき、小国初めてこの跡を残す。哀れむべし、三界《さんがい》慈父の長子、小国に来たりて塞ぎて到らしめざる処あり。

（尼僧の立ち入りを禁止している道場をみると、田夫野人や国王大臣など男はみんな入っている。しかし仏道修行において、田夫たちと比丘尼とを比べれば一体どちらが上なのか。世間の常識に照らしても、また仏法の論理からしても、むしろ逆に比丘尼は入れるが田夫たちが入れない、というものでなければならない。なんという錯乱だ。日本のような小国だけが女人結界などというものを設けている。釈尊の長子たる比丘尼は、日本のような小国にやって来ると、立ち入ることのできない道場があるのだ。）お寺は修行の場だから立ち入りを禁止するというのであれば、俗人一般の侵入を規制すべきなのに、現状では修行の尼が排除されて、俗人の男たちが立ち入っている。このような錯乱は、後進国たる日本ならではの無知の所産と断じています。

かくの如くの魔界はまさに破るべし。仏化を学すべし、仏界に入るべし。まさに仏恩を報ずるにてあらん。如是《かくのごとく》の古先、汝《なんじ》、結界の旨趣を知れりや否《いな》や。誰よりか相承《そうじょう》せりし。誰が印をか蒙《こうぶ》れる。

（このような魔界は破却すべきだ。それが仏恩に報いることになる。女人結界を作り上げた先人よ、お前は結界というものの意味を知っているのか。お前は誰から仏法を学んだのだ。お前のような者に印可《いんか》を与えたのは一体誰なのか。）

ここで道元は女人結界を「魔界」と呼んで、それを破却することが仏恩に報いる道だと主張しています。そして、女人結界を設けた「古先」を激しく痛罵しています。最澄らの仏教者としての資質に、根本的な疑問を表明しているのです。このように道元は女人罪業論や女人結界に対して、痛烈な批判を行いました。

概括しますと、仏教の女性差別観は飛鳥・奈良時代には日本社会に受容されませんでした。しかし平安中期以降、家父長制の形成とケガレ観の展開のなかでそれが受容され、やがてその差別性はより露骨で醜悪なものと化してゆきました。そしてそのなかで差別的救済論が繰り返し語られたのです。しかもその影響は、室町・戦国・近世と時代が降るにつれて、ますます深刻なものとなってゆきました。しかし私たちに残されているのは、負の遺産ばかりではありません。そこからの脱却への道を指し示した希望の遺産もまた、私たちは保持しているのです。

親鸞と女犯偈

一　日常化する僧の妻帯

親鸞と妻帯

親鸞は建仁元年（一二〇一）、二十九歳の時に京都六角堂に参籠して夢告を得ました。女犯偈《にょぼんげ》です。妻の恵信尼《えしんに》によれば、親鸞はこの夢告を得ると、比叡山を離れて法然の弟子になっています。女犯偈はまさに親鸞の生涯の転機となった夢告です。では親鸞は当時、何を悩んでいたのでしょうか。彼の得た夢告が女犯偈であったことから、当時の親鸞の悩みが性欲の悩みであったという説があります。この考えは正しいのでしょうか。

これに関わって、もう一つの議論がなされています。建永二年（一二〇七）に専修念仏の弾圧が断行されました。建永の法難とか、承元の法難と呼ばれている弾圧です。この弾圧では法然の弟子四名が死刑となり、法然・親鸞・行空らが流罪となりました。ではなぜ、

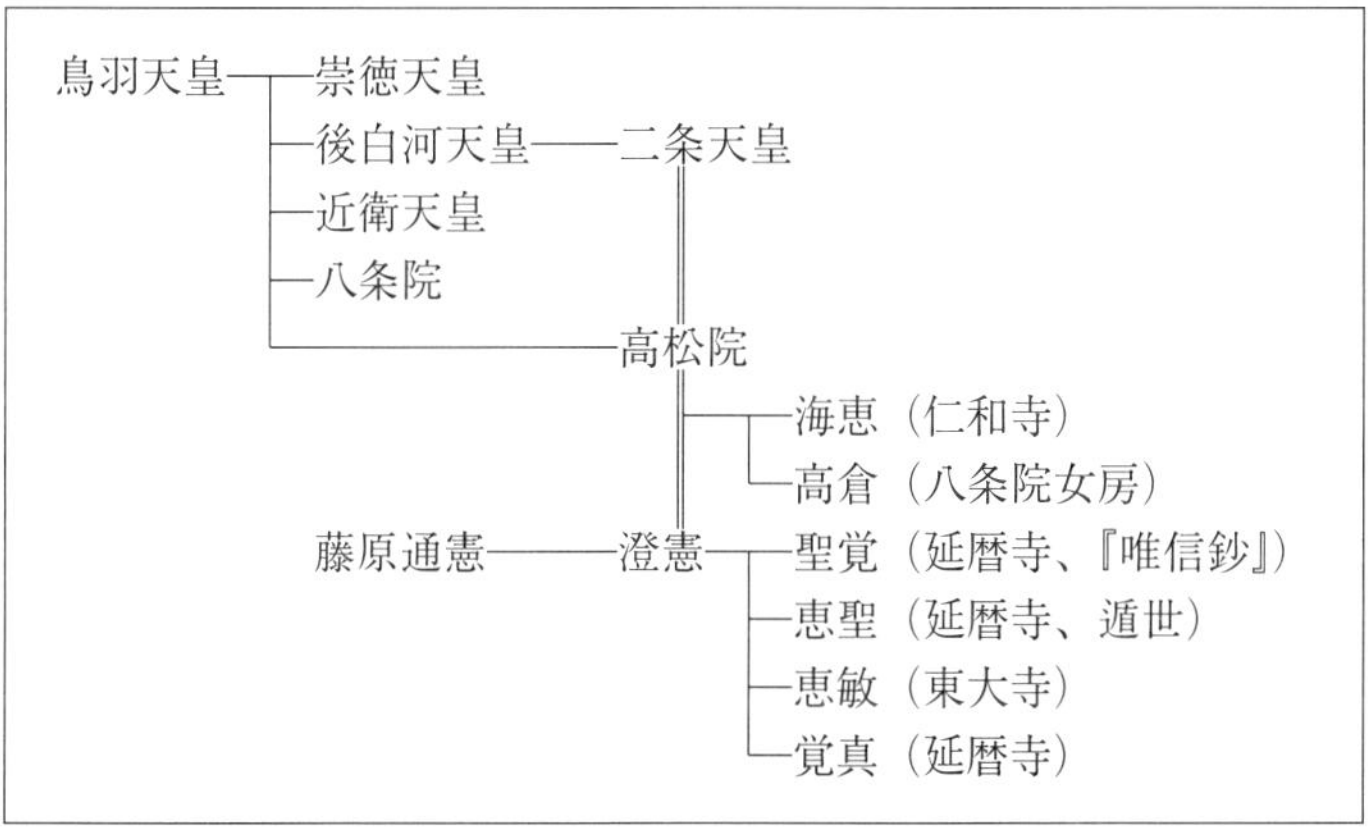

図１　澄憲の関係系図
＊澄憲の実子10名については主要な者に止めた。

この時に親鸞が流罪となったのか。それは彼が公然と妻帯していたからだ、という説があります。この考えは妥当なのでしょうか。ここではこの問題を考えたいと思います。

顕密僧と妻帯

まず、後者の問題から入りましょう。親鸞が流罪となったのは、公然と妻帯していたからでしょうか。それはまず考えられません。当時の顕密仏教の世界では妻帯など当たり前のことでした。たとえば、延暦寺に澄憲《ちょうけん》（一一二六〜一二〇三）という僧侶がいます。平治の乱で殺された藤原通憲（信西）の子ですが、たいへんな説法の達人でして、安居院《あぐい》流という唱導説法の一流の開祖となっています。学僧としても非常に優秀で、一一八〇年代から九〇年代前半には三講《さんこう》の證義《しょうぎ》を何度も勤めています。三講というのは、鎌倉時代でもっとも重要な顕教系の国家的仏事です。ここで諸宗を代表して最高責任者（證義）を勤めているのですから、天台宗については当時、延暦寺で最高の学僧だったと言えます。ところが、彼には聖覚ら十名の子供がおり、澄憲の安居院流は代々、実子が跡を継ぐ真弟《しんてい》相続のかたちをとっています。自分の子供を弟子にして実子に法流と財産を譲ってゆく、こういう真弟相続は中世の顕密寺院で珍しいことではありません。

さて、澄憲の子供のうち、二人はその母親が判明します。海恵《かいえ》という仁和寺の僧侶と、八条院高倉という娘、この二人の子供に関しては澄憲の相手の女性が割れるのです。誰かというと、なんと高松院という女院です。高松院（一一四一〜一一七六）は専制権力を振るった鳥羽院の娘であり、二条天皇の中宮でもありました。つまり澄憲は天皇の娘、天皇の后との間に二児をもうけたのです。もちろん二条天皇は永万元年（一一六五）に二十三歳で早世していますので、二人が関係をもったのは二条天皇の没後です。しかし九条兼実の日記によれば、二人の仲は貴族社会では周知のことだ、とのことです。にもかかわらず澄憲は処罰されるどころか、天台顕教の第一人者として活躍しつづけて生涯を終えています。

ほぼ同じ頃、東大寺に尊覚大法師という僧侶がいましたが、彼が亡くなった後、弟子たちと、四人の子供と、後妻との間で財産の相続争いが起こっています。この紛争は東大寺に持ち込まれて、元暦元年（一一八四）に東大寺が判決を下しました。その内容を整理しますと、まず尊覚の財産を三種類に分けて、①東大寺のなかにある坊舎は弟子が相続する、②東大寺近辺の屋地や寺領内の田畠は弟子と寺辺居住の子供とが相続する、③尊覚の先祖相伝の私領については後妻と子供が相続する、というものです。現実に即した、なかなか見事な判決です。タテマエから言えば、東大寺の僧侶が私有財産を持っていることも、また妻子がいるのもおかしいのですから、弟子と妻子との相続争いなど、存在すること自体がおかしいわけです。しかし、こうした筋の通った判決を下しているというのは、東大寺がこうした相続争いにかなり習熟していたことを示しています。東大寺でも妻帯は日常的なことだったのです。

同様のことは興福寺についても言えます。雅縁《がえん》大僧正（一一三八～一二二三）は興福寺別当を四度も勤めた仏教界の大物中の大物ですが、彼には定誉僧正という息子と娘がいて、この娘は女房となって後鳥羽院に仕えています。ところが雅縁は娘のつてで、後鳥羽院の娘を「養君《ようくん》」に迎えて宮御所を奈良に建てています。この時代の天皇家では、子女を近臣に預けて養育させることが盛んに行われていましたが（秋山喜代子「乳父について」『史学雑誌』九九―七、一九九〇年、同「養君にみる子どもの養育と後見」『史学雑誌』一〇二―一、一九九三年）、

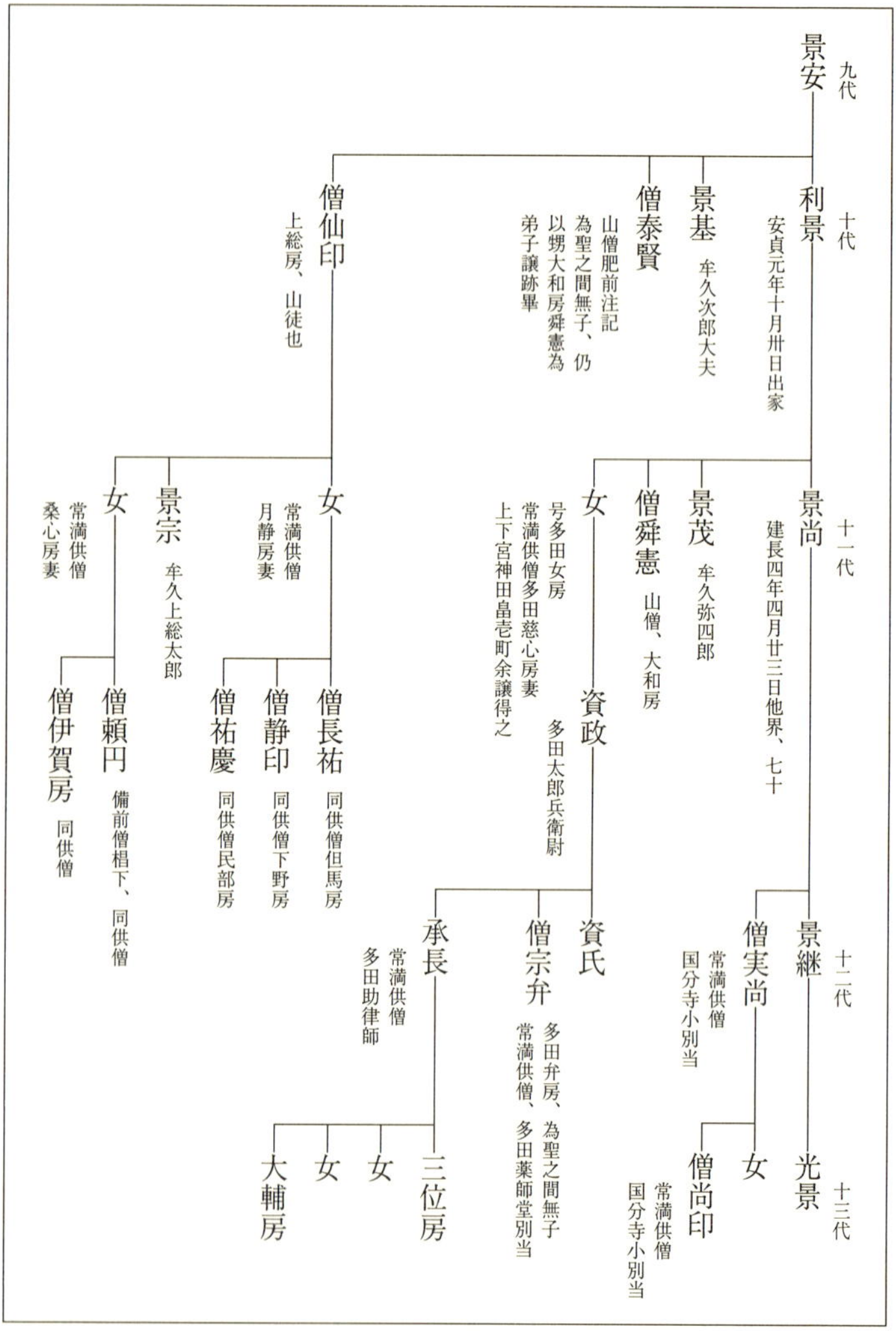
景安 九代
利景 十代 安貞元年十月卅日出家
景基 牟久次郎大夫
僧泰賢 山僧肥前注記 為聖之間無子、仍 以甥大和房舜憲為 弟子譲跡畢
僧仙印 上総房、山徒也
景尚 十一代 建長四年四月廿三日他界、七十
景茂 牟久弥四郎
僧舜憲 山僧、大和房
女 号多田女房 常満供僧多田慈心房妻 上下宮神田畠壱町余譲得之
資政 多田太郎兵衛尉
女 常満供僧 月静房妻
景宗 牟久上総太郎
女 常満供僧 桑心房妻
僧長祐 同供僧但馬房
僧静印 同供僧下野房
僧祐慶 同供僧民部房
僧頼円 備前僧楫下、同供僧
僧伊賀房 同供僧
景継 十二代
僧実尚 常満供僧 国分寺小別当
資氏
僧宗弁 多田弁房、為聖之間無子 常満供僧、多田薬師堂別当
承長 常満供僧 多田助律師
光景 十三代
女
僧尚印 常満供僧 国分寺小別当
三位房
女
女
大輔房

図2　若狭国鎮守一二宮社務家略系図

さすがに僧侶を「乳父《めのと》」にするというのは異例中の異例です。興福寺の僧侶も「興福寺別当が姫宮の乳父となるなど他宗に笑われる」と抗議したため、雅縁は別当を辞任しましたが、それでも彼は後に別当に復帰しています。このように、南都仏教界の第一人者に妻子がいたばかりか、院の娘の「乳父」にまでなっているのです。

さらに地方に目を向けますと、『若狭国鎮守一二宮社務代々系図』という面白い史料がありあます。若狭国の一宮・二宮を支配した有力な神官一族の系図ですが、これを見ますと「常満供僧《じょうまんくそう》月静房の妻」「常満供僧桑心房の妻」「常満供僧多田慈心房の妻」「常満供僧但馬房長祐の妻」「常満供僧薩摩阿闍梨長玄の妻」のように、常満供僧の妻になっている女性が非常に多い。常満供僧というのは若狭の国祈禱所の僧侶です。今でいえば県庁に詰めて、若狭国の平和と繁栄を祈るのを職能とした顕密系のお坊さんでして、寺院所属の僧侶より格が上でした。そういう僧侶たちが、有力神社の娘と結婚しているのです。

しかもこの系図史料では、子供のいない僧侶について「聖たるの間、子なし」とか、「早世の間、子なし」と、わざわざ注をつけています。子供のいない坊さんは、なぜ子供がいないのか、説明を加える必要があると考えたのでしょう。このように顕密仏教の世界では、妻帯は日常的なことでした。

朝廷の追認

そして朝廷もこうした実態を追認していました。弘長三年（一二六三）の公家新制を見てみましょう。新制というのは政治の粛正を図るために出した法令ですが、この弘長新制の第十三条に「諸寺諸山の顕密の僧侶は戒法を守るべき事」とあります。延暦寺など顕密寺院の坊さんたちに、きちんと戒律を守らせろ、という法令です。中身を見てみましょう。

> 仰《おお》す。仏法の紹隆《しょうりゅう》はひとえに僧宝《そうぼう》にあり。僧宝の住持はひとえに徳行にあり。徳行のうち持戒を先となす。しかるに近来、頻《しきり》に宴飲を好み剰《あまつさ》え妻妾を蓄《たくわ》う。四重《しじゅう》なお全《まった》からず、十戒あえて禁ぜず。ただに真諦《しんたい》を黷乱《とくらん》するのみならず、固《もと》よりまた国典に違犯《いほん》す。早く延暦弘仁貞観の符に任せ、ひとえに諸寺諸山に仰せて、放逸無慙《ほういつむざん》を禁ずべし。ただしその身は戒律を闕《か》くと雖も、能言は国師なり。これを棄つべからず。およそ僧綱召《そうごうめし》ならびに別請《べっしょう》の如きの時に、浄行を採用して後輩を励ますべし。

「仏法の興隆は僧侶の持戒にかかっているのに、僧侶たちは酒宴と妻帯に明け暮れてまったく戒律を守ろうとはしない。これは仏法はもとより国法をも犯すものだ」と断じて、酒宴妻帯など「放逸無慙」の現状を厳しく非難しています。しかしだからといって、朝廷は破戒の顕密僧を処罰放逐したのではありません。傍線部を見てください。「戒律を守っていない僧侶も大切だから、破戒を理由に彼らを放逐してはならない」と処罰を否定しています。では朝廷は何をしたのか。朝廷が行ったのは、人事の時にできるだけ持戒の僧侶を優遇するよう、命じただけです。

　このように顕密仏教の世界で妻帯が日常化していただけでなく、朝廷もまたその実態を追認しているのです。それも当然でしょう。なぜなら鎌倉初期には僧侶の孫が天皇に即位する事態すら発生しています。建久九年（一一九八）に後鳥羽天皇が突然譲位をして、四歳の土御門《つちみかど》天皇（一一九五〜一二三一）が即位しました。土御門はのちに後鳥羽院の倒幕計画に反対したため父に疎まれたのですが、承久の乱後は自ら希望して流罪となりました。こうしたこともあって鎌倉幕府は土御門に好意的で、結局、彼の子孫が天皇家の嫡流となってゆきます。

　さて、この土御門天皇は後鳥羽天皇と承明門院《じょうめいもんいん》在子との間にできた子供ですが、実は母親の承明門院は能円（一一四〇〜一一九九）という山門僧侶の娘です。能円法印には九

図3　土御門天皇の関係系図

人の子供がいましたが、そのうちの一人が天皇の母となったのです。つまり土御門天皇は日本の歴史上でただ一人、僧侶の外孫の身で天皇に即位した人物です。天皇の外祖父はしばしば大きな政治力を振るったこともあり、土御門の即位には貴族社会で批判も多かったのですが、後鳥羽院がそれを押し切りました。

つまり顕密仏教における妻帯の日常化とその影響は朝廷にまで波及し、今や僧侶の娘が女院となったばかりか、僧侶の孫が天皇に即位することすら起きたのです。こういうなかにあっては僧侶の妻帯を処罰できようはずがありません。土御門天皇の即位は、親鸞が六角堂に参籠する三年前の出来事です。こうしたことからすれば、親鸞が妻帯していたために流罪となったというのは、とうてい考えられません。中世では顕密僧の妻帯や破戒が日常化しており、それが処罰されるようになるのは、豊臣秀吉や江戸幕府になってからのことです。

建永・嘉禄の法難で流罪となった僧侶を見てみると、法然門下でも思想的に急進派であった人物と、大衆的な人気のあった僧侶に分かれるように思います。親鸞は前者に属したために流罪となったのでしょう。

二　女犯偈と『覚禅鈔』

二つの史料

次に女犯偈に移りましょう。この夢告によって親鸞は延暦寺を去りました。なぜなのでしょうか。当時の親鸞が性に悩んでいたとしても、そして女犯偈が女犯の許可であったとしても、それでも彼が延暦寺を出奔しなければならない必然性は何一つありません。澄憲や聖覚のように、妻子を抱えたまま、延暦寺僧として栄達を極めてゆく道も確実に存在していたからです。では、親鸞はなぜ女犯偈によって延暦寺を離れたのでしょう。

この問題を考える上でたいへん重要な史料があります。大谷大学の名畑崇《たかし》氏が発見された『覚禅鈔』如意輪観音法の記事です。これが女犯偈と非常によく似ているのです。『覚禅鈔』というのは、平安末から鎌倉初期にかけて覚禅という真言宗の僧侶が、東密の修法を集大成した著作です。そこで、二つの史料を読んでみましょう。読みやすいように、書き下し文に改めました。まず女犯偈のみえる『親鸞夢記』を次に掲げます。

六角堂の救世《くぜ》大菩薩は顔容端政《たんしよう》の僧形を示現《じげん》して、白き納《のう》の御袈裟《けさ》を服着せしめて、広大の白蓮《びやくれん》に端座して善信に告命《こうみよう》して言わく、

行者、宿報にて設《たと》い女犯すとも
我、玉女の身となりて犯せられん
一生の間、能《よ》く荘厳して
臨終に引導して極楽に生ぜしめん文

救世菩薩、この文を誦《ず》して言わく、「この文は吾《わ》が誓願なり。一切群生《ぐんじょう》に説き聞かすべし」と告命したまえり。この告命によりて、数千万の有情《うじょう》にこれを聞かしめんと覚えて、夢悟《さ》め了《おわ》んぬ。

意味を取りますと、「六角堂の救世観音は端正な容貌の僧侶となって現れ、白い衲袈裟《のうげさ》を身につけ大きな白蓮にお座りになって、私に次のようにお告げになった」と言っています。ここから女犯偈が始まります。「修行僧よ、宿報のためお前が女犯せざるを得ないのなら、私が美しい女性となってお前に犯されよう。そしてお前の生涯を荘厳し、臨終に際してはお前を極楽へと導こう」、だいたいこのような意味です。女犯偈の最後に小さく「文」と書いてありますが、これは引用の終わりを示す漢文の記号です。女犯偈がここで終わっていることを示しています。

続けましょう。「救世観音はこの女犯偈を唱えて次のようにおっしゃった。『これは私の誓願だ。これをすべての人々に説き聞かせなさい』。そこで私はその言葉に従って、数千万の人々にこれを説き聞かせようと決意したところで、夢がさめてしまった」。これが親鸞の転機となった夢告の内容です。恵信尼が娘に宛てた手紙によれば、夢告を得た親鸞はそのまま明け方に六角堂を飛び出して、百日間、法然のもとに通いつめて専修念仏の教えを生きることになったのです。

次に『覚禅鈔』如意輪観音法の記事を読んでみましょう。

本尊、王の玉女に変ずる事

また云わく、「もし邪見の心を発《おこ》し、婬欲熾盛《いんよくしじょう》にして世に堕落《だらく》すべきに、如意輪、われ王の玉女となりて、その人の親しき妻妾《さいしょう》となり、共に愛を生じて一期生《いちごしょう》の間、荘厳すること福貴《ふうき》を以てせん。無辺の善事を造らしめて、西方の極楽浄土に仏道を成ぜしめん。疑いを生ずること莫《なか》れ」と云々。

まず最初の事書《ことがき》は、「本尊である如意輪観音が美しい女性に化身すること」という意味です。本文で「世に堕落すべきに」とありますが、この「堕落」は「落堕《らくだ》」とも言って、女犯妻帯を指す中世の用語です。訳してみますと「もしも邪見の心を起こし、性欲が激しくて女犯を犯しそうになれば、如意輪観音は美しい女性に変じてその人の妻となり、ともに愛しあって豊かに過ごさせよう。そして数多くの善根を積ませて極楽浄土に往生させよう。このことを疑ってはならない」。訳しにくい部分もありますが、おおむね、こういう意味です。

類似の意味

二つの史料を比較すると、話の内容がたいへんよく似ています。どちらも、「僧侶が女犯を犯すのなら、観音が美しい女性に化身してその妻となり、やがて彼を極楽へと導く」という内容は共通しています。しかも用語も「玉女」「荘厳」が一致していますし、「一生」と「一期生」も非常に近い。このことからすれば、この二つは密接な関係があるはずです。つまり親鸞は、六角堂に参籠する以前から、この如意輪観音の話を知っていたのです。知っていればこそ、彼は非常に似通った内容の夢告を得ることができたのです。

しかし重要なことは、親鸞は『覚禅鈔』の記事を知ったときに行動を起こしていません。女犯偈を得て初めて親鸞は、法然のもとへと赴いたのです。なぜ『覚禅鈔』の記事でなく、女犯偈でなければならなかったのでしょうか。これは重要な問題です。この問いに応えることのできない、一切の女犯偈解釈は無効だと私は思います。しかも親鸞は女犯偈を得て、女性のもとに向かったのではありません。法然のところに走りました。これまたなぜなのでしょうか。

さらに『親鸞夢記』によれば、救世観音は女犯偈を一切衆生に説き聞かせるよう親鸞に

親鸞夢記云
六角堂救世大菩薩示現顔容
端政之僧形令服著白衲袈裟
端坐広大白蓮告命
善信言
行者宿報設女犯
我成玉女身被犯
一生之間能荘厳
臨終引導生極楽文
救世菩薩誦此文言此文吾誓
願ナリ一切群生可説聞告命
因斯告命数千万有情ニ
令聞之覚夢悟了

図４　真仏筆『親鸞夢記』（専修寺蔵）

命じ、親鸞もまたその布教に生きようと決意していま す。でも、考えてもみてください。もしも女犯偈が女犯の許可であるのなら、このようなものを民衆に説き聞かせることに、一体何の意味があるのでしょうか。親鸞からわざわざ女犯の許可の話を聞かされずとも、多くの民衆は妻帯し家族をもっています。妻帯している民衆に対して、女犯の許可を伝道することなど全く無意味です。にもかかわらず、救世観音は親鸞に女犯偈の伝道を命じ、親鸞もそれに生きようと決意をしています。一体なぜなのでしょうか。

このことは、私たちの女犯偈解釈が十分でなかったことを示しているはずです。私たちはこれまで、女犯偈を意味的に読んできました。しかしその読みを貫く限り、先ほど挙げたいずれの疑問にも応えることは不可能です。私たちは読みを変えなければなりません。すなわち、親鸞は女犯偈と『覚禅鈔』の共通点に感激したのではないはずです。つまり女犯の許可という、夢告の意味内容が彼を法然のもとに走らせたのではないのです。親鸞を衝き動かしたのは、両者の相違点にあった。だからこそ親鸞は、『覚禅鈔』の記事を知った時ではなく、女犯偈を感受した時に初めて行動を起こしたのです。

三　女犯偈の思想性

新たな宗教思想の啓示

では両者の相違点とは何でしょうか。二つの史料は内容がほぼ一致していますが、しかしそこに込められた思想の質がまったく異なっている、と私は思います。

『覚禅鈔』の記事によれば、女犯の原因は本人の「邪見の心」や「婬欲の熾盛さ」にあります。抑制しようと思えばできるにもかかわらず、本人の意志の弱さによって、彼は女犯の世界に堕ちていったのです。ところが親鸞の夢告では、女犯は「宿報」です。本人の意志の如何《いかん》にかかわらず、彼の女犯はすでに前世で決まっている。どんなにあがいたところで、彼はこの運命から逃れることはできません。つまり親鸞が女犯を「宿報」と語った時、女犯は単なる女犯ではなく、本人の意志を超えた、絶対的で普遍的なあらゆる罪業の象徴表現と化したのです。その結果、意志薄弱な男に対する女犯の許可という『覚禅鈔』の記事は、普遍的人間における罪と救済のドラマへと昇華されました。女犯は女犯なのではありません。女犯の許可とは人間の罪業への許しなのです。そして個別的で相対的な世界から普遍的で絶対的な世界への転換、これが『覚禅鈔』と女犯偈との間に横たわる決定的な落差だったのです。

同じことは救済についても言えるでしょう。『覚禅鈔』でも女犯偈でも、男は極楽に往生しています。ただし女犯偈では、「玉女」に化身した観音が直接男を極楽へと導いたのに対し、『覚禅鈔』では、この意志薄弱な男が極楽に往生できるのは、「玉女」がこの男に行わせた「無辺の善事」のおかげです。「玉女」が救済するのではなく、あくまで善根が彼を往生させるのです。女犯偈では観音の慈悲と救済が直接的絶対的なものであるのに対し、『覚禅鈔』では善根が介在しているため、慈悲と救済との関係が間接的で曖昧なものになっています。

このように、女犯偈が普遍的絶対的な罪と、直接的で絶対的な慈悲によって成り立っているのに対し、『覚禅鈔』は個別的相対的な罪と、間接的で相対的な慈悲とによって構成されています。両者の思想的な相違は明白でしょう。親鸞を法然のもとへと衝き動かしたのは、女犯偈におけるこの思想性だったのです。

ほぼ平安時代の中頃から、仏教は民衆の世界に浸透してゆきました。しかしこの時、民衆の世界に入ってきた仏教とは、具体的には殺生罪業観であり、殺生堕地獄観でありました。仏教はこういうものとして、民衆の世界に浸透していったのです。ところが当時、「殺生」という概念がどういう広がりをもった言葉であったのかを見てみますと、狩猟・漁労や養蚕はもちろんのこと、農耕や山林伐採・炭焼きまで殺生の業とされています。なぜ、農耕が殺生なのかと言えば、農作業の時に虫を殺してしまうからだ、と言われています。そして『今昔物語集』をはじめとする仏教説話集では、いくら教えても殺生を止めようとはしない民衆の愚民ぶりが侮蔑的に描かれています。

しかし狩猟・漁労・農耕や山林伐採が殺生だということは、人間の労働そのものが罪だということです。殺生罪業観は実際には労働罪業説として機能していました。平安貴族社会では肉体労働は卑しいものとさげすまれましたが、こうした貴族たちの労働蔑視観と僧侶の説く労働罪業説とがマッチしたのです。今や民衆は労働をさげすまれるだけでなく、それを罪と意識しなければならなくなりました。これが新たな世界文明たる仏教の、民衆にとっての意味でした。この点から言えば、民衆にとって仏教の浸透とは、謂れのない罪意識への呪縛を意味したのです。

それに対し親鸞は、夢告を手がかりに民衆の苦悩に触れることができました。「お前が宿業ゆえにどうしても殺生せざるを得ないのなら、私がお前のために殺され、やがてお前を極楽へと導こう」。彼の夢告は、民衆の世界にあってはこのことを意味しました。殺生を生業とする人々の苦悩への、共感と許しがここにあります。親鸞は自らの悩みを介して、苦悩する民衆の姿を視座に収めることができたのです。

女犯偈は女犯の許可ではなく、新たな宗教思想の啓示でした。それゆえに親鸞は、この夢告を「数千万の有情に」告知することに生涯を賭けようと決意し、法然のもとに向かったのです。ここで直感的に感受した宗教思想を、いかに普遍的な「ことば」に昇華させてゆくか。またそれを浄土教の教理としてどのように構築し、どのように人々に伝えてゆくのか、これが親鸞の生涯の課題となりました。その意味において女犯偈は、親鸞思想の原点であるとともに、親鸞の生涯を決定づける夢告でもあったのです。

残された問題

女犯偈について話をしてきましたが、残念ながら、問題はなお残されています。私は、最初に性欲の悩み説は正しいのか、と問題を提起しました。しかし、これで性の悩み説を完全否定できたかというと、なお不十分です。かつて私はこの問題についてのエッセイを朝日新聞に発表したとき、「私たちは、六角堂に参籠した親鸞の苦悩の具体的中身を知る

図5　六角堂で夢告を得る親鸞（『善信聖人親鸞伝絵』、専修寺蔵）

ことはできない」と記しましたが（後に『中世の光景』に収録、朝日新聞社、一九九四年）、その思いは今でも変わっていません。

　女犯偈を分析する際、まず第一に問われるべきものが思想性であるにしても、しかし親鸞の夢告はなぜ女犯を素材とするものだったのでしょうか。このことを考えれば、六角堂に参籠した具体的契機が、性の悩みであった可能性が皆無とは言い切れません。当時の延暦寺が妻帯を許さないような環境ではないにしても、それでも人は性に悩むことはありえます。私は六角堂に参籠した時の親鸞の苦悩が、性の悩みであったとも、なかったとも言い切れないと思います。

　しかし、悩むというのは思想に悩むのです。当時の親鸞の悩みがたとえ性の問題であったとしても、彼は性そのものに悩んだのではなく、性にまつわる思想性に悩んだのです。それゆえに親鸞は、その悩みのなかから新たな宗教的世界を切り開くことができた。

このことだけは、改めて強調しておきたいと思います。

親鸞の善人悪人観

一　はじめに

ここでは親鸞の善人悪人観について、お話ししたいと思います。かつて私はこのテーマに関し、「専修念仏の歴史的意義」（『日本中世の社会と仏教』塙書房、一九九二年、初出は一九八〇年）という論文を発表しました。「法然・親鸞の画期性は仏教を民衆に開放したことにあるのではなく、親鸞の思想も悪人正機説と捉えるべきではない。彼の思想は悪人正因説（信心正因説）であり、むしろ悪人正機説を克服しようとした」というのが趣旨でしたが、正直なところ、たいへん難解な論文です。悪人正機の問題には言葉のトリックが介在しているため、そのトリックを解きほぐして説明するには、どうしても話が複雑にならざるを得ません。そのため講演や概説では、「あまり込みいった話はしたくない」と考え、私はこの話題に触れることを避けてきました。

また私の思想史関係の仕事について言えば、最近でこそ袴谷憲昭氏のように評価してくださる方も出てきたのですが（『法然と明恵』大蔵出版、一九九八年）、それまでは長い間、教理研究者からはほとんど評価も批判もされないまま黙殺されてきました。しかも私自身の研究が法然・親鸞から、その対立者たる顕密仏教の実態分析へ、さらに顕密仏教を支えた国家の宗教政策の解明へと移っていったこともあって、このテーマについては「とりあえず自分の学問的責任は果たした」ということで、私はすっかりやる気と関心を失ってしまいました。近年ようやく拙論への批判が発表されるようになりましたが、私信で応答するだけで、公の場で応えることもしませんでした。

ところが最近になって私は、こうした自分の姿勢が間違っていたのではないか、と考えるようになりました。そのきっかけを与えてくれたのは、松本史朗氏のお仕事です。松本氏は『縁起と空』（大蔵出版、一九八九年）などの著作で、如来蔵思想を仏教ではないと断じて、仏教理解に大きな修正を求めているインド仏教学の専門家ですが、最近、私の法然論や親鸞論を全面批判した論文を発表されました（「選択本願念仏説と悪人正因説」「捨子問答と後世物語」、いずれも『駒澤大学仏教学部論集』二九、一九九八年）。これは私にとってたいへん嬉しいことでして、こうした仕事が十年、十五年早く出ていれば、私の研究の歩みも随分違ったものになっただろうと思います。もちろん松本さんの批判には承服できないところも多く、特にその史料批判の手続きには危うさを禁じ得ないのですが、しかし他方では私が十分考察を巡らしていなかった点を鋭く指摘された部分もあり、久しぶりに知的興奮を覚えたお仕事です。思わず返事の手紙を四十枚も書いてしまいました。

ところが残念なことに、悪人正因説の問題については、私と松本さんの間でうまく議論が噛み合っていません。実際、松本氏は私の親鸞理解を厳しく批判しましたが、最終的に松本案として示されたものを見てみると、親鸞思想の実態認識という点では、決定的といえるほどの違いはありません。少なくとも私にはそう読めました。そうだとすれば、私への論難は一体何だったのか、拙論が十分理解されていない、ということになります。

このことに気づいて、私は大いに反省しました。私は先の論文で、書くべきことは書きあげたと自負していたのですが、しかし松本氏ほどの研究者ですら、納得はおろか、十分に理解することもできていません。これは私の説明不足ではないか、私は自分の考えをもっと判りやすい形で、きちんと説明する義務を怠っていたのではないか、そう思い至ったのです。

しかも私は、悪人正機の話が難解だということで、一般向けの場ではこの話題に触れることを避けてきました。しかし悪人正機説が親鸞の独創ではなく、中国以来の浄土教史のなかで繰り返し語られてきたことは、研究史的には周知の事実です。とすれば、私たちの採るべき途は二つしかありません。「親鸞は悪人正機説を唱えたが、ここに思想的画期性はない」というのが一つの立場です。もう一つの立場は、「親鸞思想には独創性があるが、それは悪人正機説ではない」というものです。親鸞の独創性を承認したければ、親鸞＝悪人正機説を否定しなければなりませんし、親鸞＝悪人正機説を肯定したければ、親鸞の画期性を否定するしかありません。これ以外の立場はありえないのです。

にもかかわらず、いまだに親鸞の悪人正機説を彼の独創と捉える見方が後を絶ちません。学問的にありえない考えが、いまだにまかり通っているのです。そして私自身、自分の考えと世間の常識との落差があまりに大きいため、辞書原稿を依頼されても、自説で書き抜くだけの勇気がもてず、結局あいまいな文章でやり過ごしています。しかしこういう状況に対しても、もう少し責任を感じるべきではないか、そう思うようになりました。

さらにこの問題に関わって、末木文美士《ふみひこ》氏から、厳しい批判が寄せられています。末木氏はご存じのように、『鎌倉仏教形成論』（法藏館、一九九八年）、『日本仏教思想史論考』（大蔵出版、一九九三年）、『仏教――言葉の思想史』（岩波書店、一九九六年）などを著した、日本仏教学の第一人者と評してよい研究者です。私と末木さんは共に法然研究から出発し、私が歴史学の立場から仏教史の再構築を目指しているのに対し、末木さんは仏教学の立場からそれを目指されていて、よきライバルというべき間柄です。

その末木さんは最近になって、私と家永三郎氏について、「教理生齧りの」まま「思想史研究を強行しようとしたための欠陥はきわめて顕著」だ、と非難しています（「宗教と倫理の狭間」『解体する言葉と世界』岩波書店、一九九八年、「鎌倉仏教研究をめぐって」『三論教学と仏教諸思想』春秋社、二〇〇〇年）。家永さんと一緒に批判されるというのは光栄の至りですが、それはともかく、こうした論難が私に加えられた最大の理由は、私が『歎異抄』第三条「善人なをもて往生をとぐ」の一節を、親鸞の史料として取り扱ったことにあります。『歎異抄』第三条の分析そのものは、「新鮮な切れ味を示し」「基本的に著者（平――引用者注）の説は正しいと考える」と末木さんから誉めてもらったのですが、それを親鸞研究の基本史料として使用したことが批判されたのです。しかもこうした見方は、決して末木さんだけのものではありません。石田瑞麿《みずまろ》氏の研究に代表されるように（『歎異抄――その批判的考察』春秋社、一九八一年）、『歎異抄』と親鸞をいったん切り離して考えるというのは、むしろ学界では常識の部類に属することです。ですから、そうした常識に照らせば、『歎異抄』を親鸞分析に直接援用するなんて素人丸出しだ、ということになるのでしょう。「教理生齧り」の研究と、揶揄されたゆえんです。とすれば私は、『歎異抄』第三条を親鸞の史料として使用しうる理由を説明しなければなりません。

このように私は今、自説をわかりやすく開陳する義務があるとともに、親鸞研究にとっての『歎異抄』の意味を再確認する責任を負っています。もっとも、教理研究から離れてずいぶん時間がたっているだけに、ここで新しいオリジナルな話をすることは到底できませんが、かつて私が何を考えていたのかについては、お話しできるはずですし、またお話ししなければなりません。

二　善人正因説

善人正因説の構造

悪人正機をめぐる論争が複雑きわまりない様相を呈しているのには、いろいろ原因がありますが、「善人なをもて往生をとぐ」という『歎異抄』の思想をどう呼ぶのか、その用語が確定していないこともその一因です。悪人正機説と呼ぶ研究者もいれば、悪人正因説と呼ぶべきだという研究者もいます。また、同じ用語を使っていても、人によってその意味内容が大きく異なっていて、議論がなかなか嚙み合いません。もちろん、どういう呼び方をするかはさほど重要なことではなく、問題はあくまで思想の正確な理解と把握です。しかし実際には、思想の把握それ自体が混乱しているために、用語の混乱が起きているのです。

ではなぜ思想理解が混乱するかというと、これは当時の思想表現のあり方に一つの原因があります。当時の思想表現には現在とは違った特殊事情がありました。それは何かと言えば、経典や先行文献の権威が決定的なため、自分の思想や主張に説得力をもたせるには、それらの文言の語義内容を読み替えて自説の論拠とすることが必要不可欠だったのです。これは今でいうと、憲法問題とよく似ています。日本では憲法の改正がむずかしいため、憲法の文章を変えるのではなく、解釈を変えて実質的な修正を図っています。その結果、いろんな人が自分に都合のよい解釈を繰り広げ、今や憲法第九条の文言は、普通の人間には理解できないような神学論争で、もみくちゃになっています。このもみくちゃにされた話を解きほぐして、分かりやすく説明するというのは至難の業です。

悪人正機の問題も同じです。「善人なをもて往生をとぐ」という有名な言葉でさえ、いろいろな人が多様な解釈を行っていて、一義的に内容を確定することができません。この文言ですら、すでに鎌倉時代の段階で多義的な解釈がなされており、事実、多義的解釈が可能です。実際、「悪人」という言葉ひとつをとってみても、文字通り「悪い人」の意もあれば、「殺生を職能とする人々」の意味もありますし、「人間凡夫一般」「末代の衆生」「粟散辺土の衆生」、さらには「真実の信仰者」の意味すらあり、きわめて多義的です。ですから文章の語義確定は、ただでさえむずかしい。

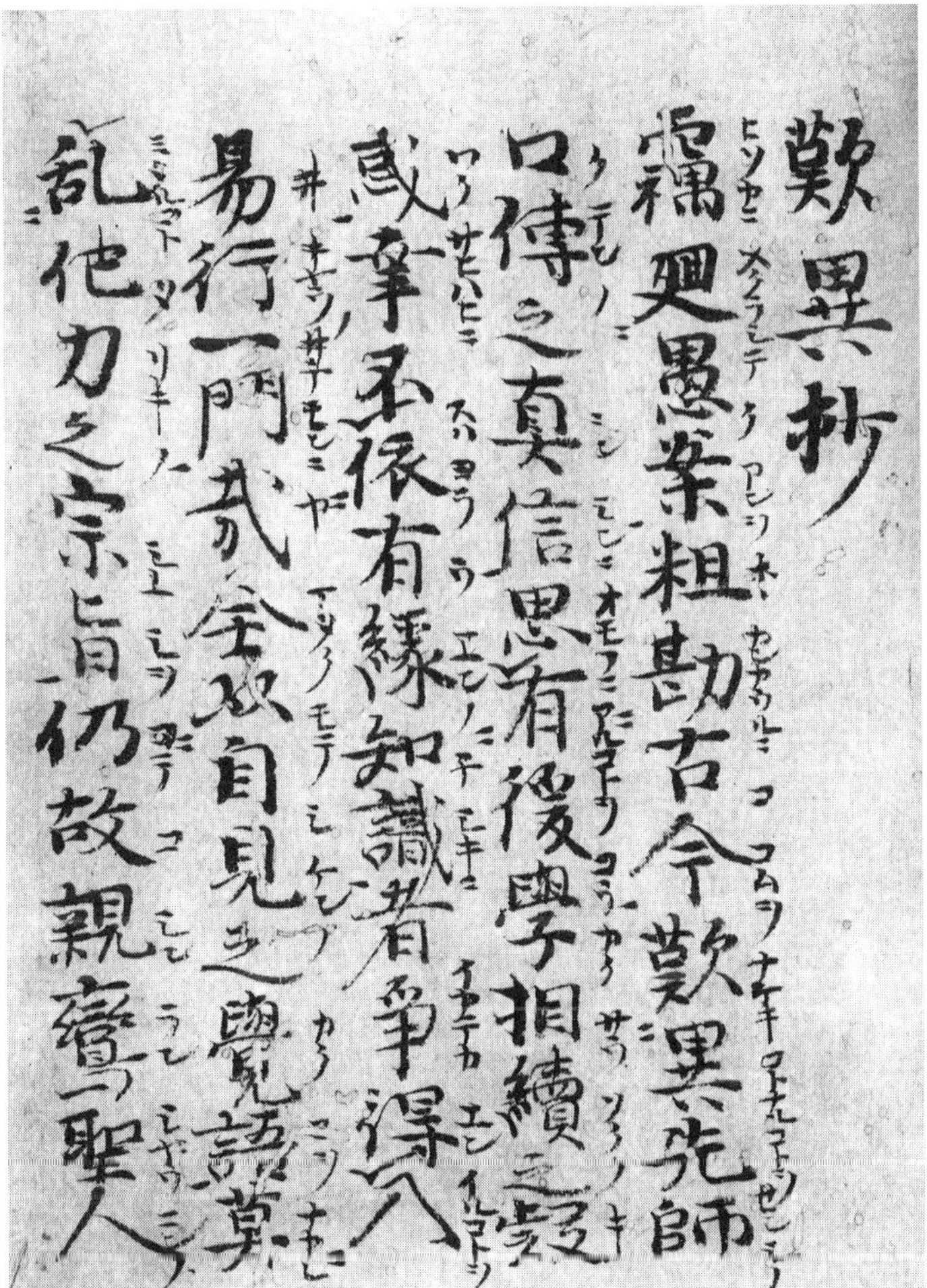
歎異抄
竊廻愚案粗勘古今歎異先師
口傳之眞信思有後學相續之疑
惑幸不依有縁知識者爭得入
易行一門哉全以自見之覺語莫
亂他力之宗旨仍故親鸞聖人

図1　『歎異抄』冒頭部分（西本願寺蔵）

しかも表現というのは複雑でして、たとえば「夜が泣く」という暗喩のように、「夜」と「泣く」という言葉の意味を確定したとしても、それだけでは「私が夜泣いている」という意味内容が浮かび上がってきません。形式論理の罠にはまると、文字どおり「夜が泣いている」と解しかねない。そうなれば漫才師の人生幸朗のように、「なんで夜が泣くねん。夜がピーピー泣いたらうるそうて眠れるかい。責任者出てこい」ということになってしまいます。人生幸朗だと笑って済ませられますが、研究の世界ではそうはゆきません。こういう形式論理による語義解釈を批判し覆すというのは、本当にたいへんです。それだけに一つひとつの文言の意味内容の確定がたいへんむずかしく、そのために思想理解が錯綜し、用語の混乱を招いているのです。

こういう状況下ではそれぞれの研究者が、一つひとつの言葉の使い方を十分説明したうえで議論を進める必要があるとともに、史料用語の語義内容を丹念に確定してゆくことが大切です。そこで、難儀な話で恐縮ですが、用語や語義の確認から本論に入らせていただきます。後で必ずおもしろい話をしますので、ここは少し我慢してお付き合いください。

まず例として、善人悪人を対比した二つの文章を掲げます。これはどういう意味内容の文章でしょうか。

比況文Ａ＝悪人でも往生できる。況や善人の往生は当然だ

比況文B＝善人でも往生できる。況や悪人の往生は当然だ

比況文Aの「悪人でも往生できる」の一節について考えると、「悪人」と「往生できる」という箇所の価値関係が、一般に逆転することが判ります。たとえば「彼でも成功した」「彼でも失敗した」という文章の場合、述語が「成功した」というプラス価値の場合は、「彼」をバカにした表現（－価値）になり、「失敗した」というマイナス価値の語の場合は「彼」を評価している表現（＋価値）になります。さて、中世では仏教的世界観が社会をおおっていましたので、述語の「往生できる」はプラス価値の言葉です。すると主語の「悪人」はマイナス価値ということになる。「悪人」と「善人」の価値関係も逆転しますので、「悪人」がマイナス価値であれば、「善人」はプラス価値のはずです。こうして比況文Aを、次のように抽象化することができます。

比況文A＝マイナスの価値存在でも往生できる。況やプラスの価値存在の往生は当然だ

同様の手続きで比況文Bを調べると、

比況文B＝マイナスの価値存在でも往生できる。況やプラスの価値存在の往生は当然だ

となり、比況文Aと文章が一致します。抽象化すれば、ABとも同じことを言っているのです。そこでこの抽象化された文章を、「プラス価値正因説」と呼ぶことにします。プラス価値が往生の正因であるとの意味です。すると次の定式ができあがります。

プラス価値正因説＝マイナスの価値存在でも往生、況やプラスの価値存在

この正因説の定式は、今後何度か使うことになりますので、留意してください。さて、私たちの常識的人間観では一般に、「善い人」をプラス価値、「悪い人」をマイナス価値と考えています。これを、先の定式の傍線部分に当てはめると、次の善人正因説ができます。

善人正因説＝悪い人（－価値）でも往生、況や善い人（＋価値）

プラス価値とプラスの価値存在との間、つまり「善人であること」と「善人」との間には若干のズレがありますが、ここでは無視します。疑問が残ると思いますが、後で説明しますので、ここでは無視してください。こうして善人正因説が導き出されましたので、次にその具体例を見てみましょう。

平安浄土教と善人正因説

平安浄土教の悪人往生伝の一つに、『続本朝往生伝』源頼義《よりよし》の伝記があります。頼義は、鎌倉幕府を創った頼朝の五代前の祖先に当たります。彼は武士であったため、人殺しや殺生ばかり行ってきました。ところが晩年になってそれを反省し、出家して念仏生活に入ります。そのおかげで源頼義は極楽に往生できた、という話です。悪人往生説話の典型ですが、この話の最後に編者は次のような感想を記しています。

十悪五逆《じゅうあくごぎゃく》もなお迎接《ごうしょう》を許さる、いかに況《いわん》や其の余《よ》においてをや。

つまり「源頼義のような十悪五逆を犯した悪い人（－価値）でも往生できた。況やそれ以外の善い人（＋価値）の往生は当然だ」と語っています。これは善人正因説の「悪い人（－価値）でも往生、況や善い人（＋価値）」と一致しますので、平安浄土教の悪人往生説話が善人正因説に立脚していたことが判ります。

また『歎異抄』第三条の冒頭に「善人なをもて往生をとぐ、いはんや悪人をや」という有名な文章が出てきますが、その後は「しかるを世の人常に云はく、悪人なを往生す、いかに況や善人をや」と続けられています。この世間の人の常識的な考えも、善人正因説の「悪い人（－価値）でも往生、況や善い人（＋価値）」と一致します。「世の人常に云はく」を、法然の考えと解する向きもあるようですが、そうではありません。平安浄土教の悪人往生説話を思想的な背景にしていると見るべきでしょう。法然や親鸞が新たな思想を創出しようとした時、彼らの眼前にあったのは、この善人正因説だったのです。

さて、私はこれまで善人正因説という言葉を使ってきましたが、厳密に言えば少し問題があります。それは正因説の定式から善人正因説を導き出した時に、プラス価値とプラスの価値存在とのズレを無視し、「善人であること」と「善人」との間のズレを無視したことと関わっています。善人正因説は、厳密に言えば善人が正因なのではありません。「善人であること」あるいは「善人が行った積善行為」が往生の正因です。ですから善人正因説は、より正確には善根正因説と言わなければなりません。善人正因説の語は善根正因説の修辞表現、まあ、一種の文学的表現とご理解ください。

三　悪人正機説

悪人正機説の構造

次に悪人正機説に移ります。この語は研究者によって意味内容が千差万別ですが、私は言葉どおり、「悪人を正機とする思想」の意味で使いたいと思います。「機」というのは「機《き》根《こん》」ともいって、修行者の宗教的資質を指したり、人間や衆生そのものを指す言葉です。つまり正機とは「ある仏菩薩が誰だれを正《まさ》しき救済対象にした」「誰だれを中核的な救済対象にした」の意です。ですから悪人を正機とする思想とは、「ある仏菩薩が悪人を中核的な救済対象にした」との意味です。

さて、悪人が中核的な救済対象ですから、善人は救済の中心ではありません。つまり救済の優先順位は、悪人が一番（正機）で、善人は二番目（傍機）ということになります。留意すべきは、善人正因説では善人悪人の価値を問題にしましたが、悪人正機説では救済順位を問題にしていることです。つまり正因説と正機説とでは、一方は価値の優劣、他方は救済の順序というように、視角が異なっているのです。これは非常に重要なポイントです。

そこで『醍醐本法然上人伝記』「三心料簡事」を素材に、もう少し考えてみましょう。

> （ア）善人なおもて往生す、況《いわん》や悪人をやの事〈口伝《くでん》これあり〉
> 私に云わく、（イ）弥陀の本願は自力を以て生死《しょうじ》を離るべき方便ある善人のために起こしたまわず。極重悪人、他の方便なき輩《ともがら》を哀れみて起こしたまえり。しかるを（ウ）菩薩賢聖《けんしょう》もこれに付きて往生を求む。凡夫の善人もこの願に帰して往生を得《う》、況や罪悪の凡夫、尤もこの他力を憑《たの》むべしというなり。悪《あ》しく領解《りょうげ》して邪見《じゃけん》に住《じゅう》すべからず、譬《たと》えば本《ほん》は凡夫のため、兼ねては聖人のためと云うが如し。

一行目の傍線（ア）が法然の言葉で、それ以外は弟子である源智《げんち》の発言と考えられています。この法然の言葉は、『歎異抄』の「善人なをもて往生をとぐ、いはんや悪人をや」と非常によく似ていて、これをどう考えるかは重大な問題なのですが、今の話の本筋から、はずれる話題ですのでここではご容赦ください。

さて、傍線（イ）では「弥陀の本願は、自力による悟りが可能な善人ではなく、自力の不可能な悪人のために立てられた」と述べています。「弥陀の誓願は悪人救済が中心だ」と言っていますので、悪人が正機（一番目）で、善人が傍機（二番目）ということになります。典型的な悪人正機説です。

ところで、悪人正機説は救済の優先順位を論じたものですが、では、これを価値の方から眺めてみればどうなるでしょうか。まず、善人は自力による悟りが可能な人々ですので、プラスの価値存在と措定されています。悪人は、自分の力では悟りも往生も不可能な「他の方便なき輩」ですから、マイナスの価値存在です。つまり、善人は能力が高い（+価値）から救済順は二番目（傍機）とされ、悪人は能力が低い（−価値）ために救済順が一番目（正機）とされているに過ぎません。つまり悪人正機説では救済の優先順位と、価値の優劣は常に逆転するのです。私たちはまず、ここを見落としてきました。

以上の議論を踏まえると、悪人正機説を次のように定式化できます。

悪人正機説＝弥陀は善い人（+価値）を傍機（二番目）に、悪い人（−価値）を正機（一番目）とした

悪人正機説＝弥陀はプラスの価値存在を傍機（二番目）に、マイナスの価値存在を正機（一番目）とした

これを善人正因説の「悪い人（−価値）でも往生、況や善い人（+価値）」と比べると、善人をプラス価値、悪人をマイナス価値と捉える点で、悪人正機説と善人正因説は共通しています。善人悪人をめぐる価値観では、両者の間に違いはないのです。つまり同じ思想を

価値に即して語れば善人正因説となるし、救済対象の優先順位に着目して議論すれば悪人正機説となるだけです。両者は同一物の別表現に過ぎません。したがって善人悪人概念が一組あれば、私たちはそれを善人正因説で語ることもできるし、悪人正機説で語ることも可能なのです。

言葉のトリック

『醍醐本』の文章を、もう少し追いかけましょう。傍線（ウ）では「傍機の善人ですら往生を求めている。況や正機の悪人は当然往生を求めるべきだ」と述べています。自力による悟りが可能であるために、救済対象としては傍機（二番目）とされた善人たち（＋価値）、彼らですら弥陀の本願に帰して往生を求めている。まして何の術ももたない正機（一番目）の悪人（－価値）は、当然、極楽往生を求めるべきだ、そう語っています。そこで、この文章を少し縮めてみましょう。

傍機の善人（＋価値）でも往生を求む、況や正機の悪人（－価値）においてをや

善人（＋価値）でも往生を求む、況や悪人（－価値）

これを善人正因説の「悪い人（－価値）でも往生、況や善い人（＋価値）」と比べると、表現はほとんど正反対になります。正反対のように見えるけれども、善人をプラス価値、悪

人をマイナス価値とする点では共通しているという、奇妙なことが起こります。言葉のトリックです。このトリックに私たちは、さんざん惑わされてきたのです。そしてそれは覚如の『口伝鈔《くでんしょう》』で完璧なものとなります。

一　如来の本願は、もと凡夫のためにして、聖人のためにあらざる事

(エ)本願寺の聖人、黒谷《くろだに》の先徳《せんとく》より御相承《そうじょう》とて、如信《にょしん》上人おほせられていはく、(オ)世のひと常に思へらく、悪人なをもて往生す、いはむや善人をやと。この事、遠くは弥陀の本願に背き、近くは釈尊出世《しゅっせ》の金言に違せり。その故は五劫思惟《ごこうしゆい》の劬労《くろう》、六度万行の堪忍《かんにん》、併《しかし》ながら凡夫出要のためなり。全く聖人のために非ず。しかれば凡夫、本願に乗じて報土《ほうど》に往生すべき正機なり。凡夫もし往生かたかるべくば、願、虚設《こせち》なるべし。力、徒然《とぜん》なるべし。しかるに願力あひ加《か》して十方のために大饒益《にょうやく》を成《じょう》ず。これによりて正覚《しょうがく》をとなへて今に十劫《じゅうごう》なり。これを証する恒沙《ごうじゃ》諸仏の証誠《しょうじょう》、あに無虚《むこ》妄《もう》の説に非ずや。しかれば御釈《おんしゃく》にも「一切善悪凡夫得生者」と等のたまへり。これも(カ)悪凡夫を本として、善凡夫をかたわらに兼ねたり。かるが故に、(キ)傍機たる善凡夫なを往生せば、もはら正機たる悪凡夫いかでか往生せざらん。しかれば善人なをもて往生す、いかにいはむや悪人をやと言うべし、と(ク)仰せごとありき。

『口伝鈔』は親鸞が孫の如信に説いた教えを、覚如が記したという体裁をとっています。

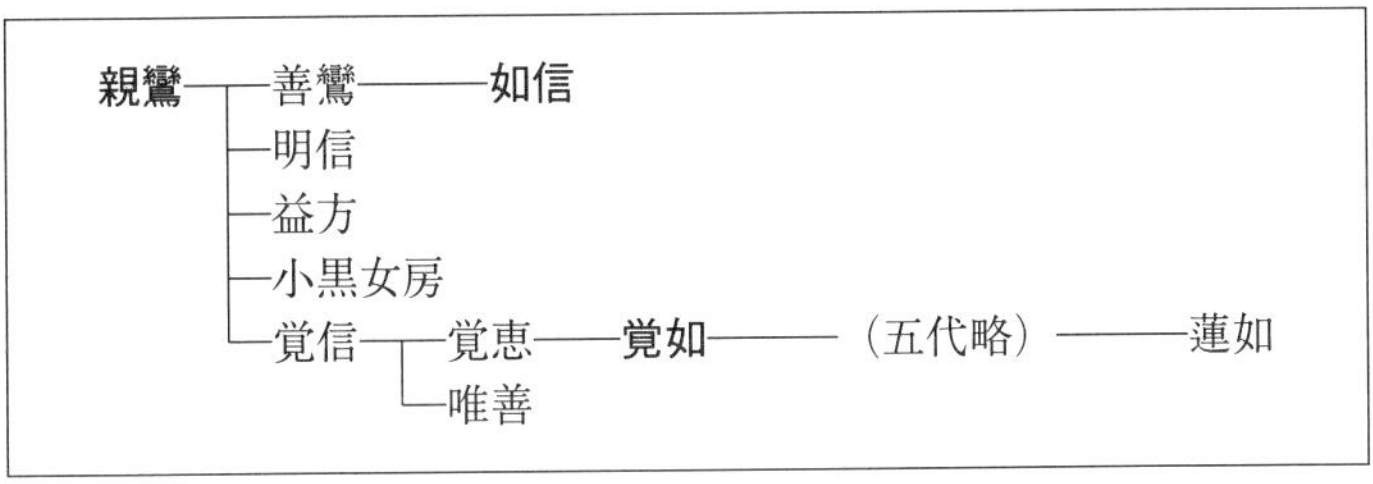

図2　親鸞の子孫

覚如（一二七〇～一三五一）は親鸞の曾孫に当たる人物で、実質的に本願寺教団を創設し浄土真宗を創りあげた人物です。傍線（エ）の解釈は少し議論が分かれていますが、とりあえず「親鸞が法然から受け継いだ教えを、如信が覚如に語った」と取っておきます。最後の傍線（ク）「仰せごとありき」も、「如信が覚如におっしゃった」と解しておきます。

　親鸞の言葉を伝えた史料ですが、覚如・如信という二重のフィルターを通して親鸞を眺めなければなりません。しかも、覚如という非常に個性的な人物を介さなければなりませんし、親鸞と如信、如信と覚如との相承関係も怪しい。ということで、いろいろ難点を抱えた史料です。ここではガードを堅くして、これを覚如の考えと解しておきます。

　内容を見てみましょう。傍線（オ）で、世間の人は「悪人なをもて往生す、いはむや善人をや」と考えているが、実はこれは間違っている、と述べています。この世間の人の考えは善人正因説の「悪い人（－価値）でも往生、況や善い人（＋価値）」と一致しており、このあたりの文章構成は『歎異抄』の冒頭と酷似しています。ただし似ているのはここまでで、その次の部分から『歎異抄』と思想的に分岐してゆきます。

では、世間の人の常識的考えは、何が間違っているのでしょうか。傍線（カ）「悪凡夫を本として、善凡夫をかたわらに兼ねたり」が大切です。つまり、弥陀の本願は悪凡夫を「本《ほん》」＝正機（一番目）としたが、善凡夫は「かたわら」＝傍機（二番目）に過ぎない、と述べています。悪人正機説ですね。悪凡夫はマイナス価値だから救済順位は一番となり、善凡夫はプラス価値だから救済は後回しにされたのです。次いで、傍線（キ）には次のようにあります。

傍機たる善凡夫なを往生せば、もはら正機たる悪凡夫いかでか往生せざらん。しかれば善人なをもて往生す、いかにいはむや悪人をや。

救済順では二番目の善凡夫（＋価値）ですら極楽に往生しているのだから、一番最初に救済されるべき悪凡夫（－価値）の往生は当然だ、と言っています。この言葉を縮めると、

二番目の善人（＋価値）でも往生できる、況や一番目の悪人（－価値）

善人（＋価値）でも往生、況や悪人（－価値）

となり、最後の「善人なをもて往生す、いかにいはんや悪人をや」が導き出されます。すごいですね。善人正因説と比較すると、完全に反対表現になっています。言葉のトリック

の極致です。整理すると次のようになります。

善人正因説＝悪い人（－価値）でも往生、況や善い人（＋価値）

源智＝二番目の善人（＋価値）でも往生を求む、況や一番目の悪人（－価値）

覚如＝二番目の善人（＋価値）でも往生、況や一番目の悪人（－価値）

このように、源智にせよ、覚如にせよ、悪人正機説の文脈から善人正因説の反対表現を導き出しています。それは見事なものですが、所詮、言葉のトリックに過ぎません。なぜなら、悪人と善人を対比する時の基準が違うからです。善人正因説は価値の優劣を基準にして、善人悪人を対比したのですが、覚如や源智は救済の順序を基準にして善人悪人を対比しています。基準を同じにすれば、どうなるか。善人を善い人＝プラス価値と考え、悪人を悪い人＝マイナス価値と捉える点では、悪人正機説と善人正因説とは同じ価値観を共有しているのです。*そして覚如の議論を踏まえると、悪人正機説は次のようにも定式化できることになります。

悪人正機説＝二番目（善人）でも往生、況や一番目（悪人）

悪人正機説＝傍機のプラスの価値存在でも往生、況や正機のマイナス価値存在

こうして覚如によって悪人正機説は完成されました。しかしこれによって覚如は親鸞の思想から大きくかけ離れてゆくことになります。悪人正機説は善人をプラス価値、悪人をマ

イナス価値とみる点で、平安浄土教や顕密仏教の価値観と同じだからです。

そこで次に、悪人正機説と顕密仏教との関係について考えてみましょう。

＊覚如のこの議論から新しいことが判る。最初に私は、比況文ABからプラス価値正因説の定式を導き出したが、比況文Bに関しては、もう一つ別の解釈が成り立ちうる。悪人正機説である。私は価値性に即して読み解いて正因説の定式を抽出したが、実は比況文Bを救済順という別の視角から読み解くことも可能である。

顕密仏教と悪人正機説

悪人正機説は、一般に阿弥陀浄土教に関わるなかで論じられていますが、しかしそれは阿弥陀仏や浄土教に特有の思想でしょうか。決してそうではありません。貞慶の『地蔵講式』を見てみましょう。

我らの如きは生を東夷《とうい》の境に受け、縁を像法の末に結ぶ。根機は甚だ拙《おと》る。恥じても余りあり。これ出家に非ず、また在家に非ず、譬《たと》えば蝙蝠《こうもり》の鳥に似るが如し。猥《みだ》りに一国の福田となる、欺誑《ぎきよう》の罪を遁《の》がれがたし。恣《ほしいまま》に三宝の財物を侵す、奈梨《ないり》の果《か》を悲しむべし。大乗流布の時、僧侶なお此《かく》の如し。況や無聞非法の輩、聖教滅尽の期においておや。大聖の悲願、なんぞこの時を顧《かえり》みざらんや。是を以て利益《りやく》の世に新《あら》たなるや、末代ほとんど上代に過ぎ、感応《かんのう》の眼に満《み》つるや、悪人かえって善人に超《こ》ゆ。

図3　貞慶木像（海住山寺蔵）

少し文章がむずかしいですが、「私たちは世界の辺境に生まれ、像法の末の時代に生まれてしまった。その資質は恥ずかしいほど劣悪だ。私たち僧侶は在家ではないが真の出家とも言えず、コウモリのような存在だ。国を護るべき僧侶とはいえ、仏物をむさぼるばかりで堕地獄は必定だ。大乗仏教が流布している今ですら、僧侶の実態はこのようなものだ。まして仏法に縁のない人々や、仏法滅尽の時代はどうなるのだろうか。地蔵菩薩はまさにその救済のために誓願をたてられたのだ」と述べています。

貞慶は興福寺の僧侶でしたが、当時の仏教界の現状を真摯に批判しています。親鸞が非僧非俗の立場を貫いたことは有名ですが、貞慶はむしろ僧とも俗とも言えない顕密僧の実態を痛切に自己批判したのです。そしてそのなかで貞慶は、傍線部「利益《りやく》の世に新《あら》たなるや、末代ほとんど上代に過ぎ、感応《かんのう》の眼に満《み》つるや、悪人かえって善人に超《こ》ゆ」と語っています。表現は難解ですが、要するに「お地蔵さんのご利益は上代よりも末代の方が顕著だし、善人よりも悪人の方が顕著だ」と言っています。

では、なぜ善人より悪人の方が利益が顕著なのでしょうか。地蔵菩薩は阿弥陀仏と同様、悪人（＝価値）や末代（＝価値）の救済を中心とする菩薩です。だから、地蔵の霊験は悪人（＝価値）と末代（＝価値）に顕著となるのです。悪人を中心的救済対象としたために、地蔵はまず悪人を救う、これは悪人正機説に他なりません。興福寺法相宗の貞慶が悪人正機説を口にしているのです。

貞慶はこの『地蔵講式』を建久七年（一一九六）に執筆しています。法然が『選択本願念仏集』を著したのが建久九年（一一九八）であり、親鸞が法然のもとに入室したのが建仁元年（一二〇一）ですから、かなり早い時期に悪人正機説を語ったことになります。しかもこの貞慶は、元久二年（一二〇五）に興福寺奏状を著して、朝廷に専修念仏の弾圧を要求した人物でもあります。そしてこれが一つの契機となって、建永二年（一二〇七）に建永の法難（承元の法難）が起きました。法然の弟子四名が死刑、法然や親鸞らが流罪となった弾圧です。つまり専修念仏に対する最もきびしい批判者であった貞慶が、事件の十年ほど前に悪人正機説を口にしていたのです。

さらに『鳳光抄《ほうこうしょう》』という史料があります。これを見ますと、建暦二年（一二一二）に奈良の春日社で唯識十講が行われた時の表白《ひょうびゃく》が収録されていて、『地蔵講式』とほとんど同じ文章が出てきます。

　霊術《りようじゆつ》の世に被《こうむ》るや、末代ほとんど上代に過ぎ、感応《かんのう》の眼に満《み》つるや、悪人かえって善人に超《こ》ゆ。

つまり、「春日大明神のご利益は上代よりも末代の方が顕著であり、善人よりも悪人の方が顕著だ」と述べています。貞慶と同様、これが悪人正機説であることは明らかです。春日大明神も悪人救済を第一とする神だ、と言っているのです。

　この史料の作者は残念ながらよく判りません。覚遍という、貞慶の弟子であった人物の可能性が高いのですが、確定的なことは言えません。しかしそれが誰であれ、専修念仏をきびしく批判してきた興福寺の僧侶であったことだけは間違いありません。つまり専修念仏の弾圧を要求した人々が、弾圧の十一年前にも、また弾圧の五年後にも、ともに悪人正機説を語っているのです。悪人正機説は顕密仏教の世界にも流布していました。専修念仏は顕密仏教から激しく弾劾されましたが、悪人正機説が非難されたのではありません。

　振り返ってみれば、悪人正機説の原型をつくったのは、七世紀、中国唐代の僧である迦《か》才《さい》の『浄土論』です。ここで「浄土宗の意は、本は凡夫のため、兼ねては聖人のためなり」と述べていますし、『遊心安楽道』にも同じ文章がみえます。『遊心安楽道』は新羅の元暁（六一七〜六八六）の著作とされてきたのですが、最近の研究によれば、実はそうではなく、日本で執筆された作品らしい。十世紀頃に延暦寺の僧侶が作ったものではないか、と言われています（落合俊典「遊心安楽道の著者」『華頂大学研究紀要』二五号、一九八〇年）。悪人正機説が顕密仏教の世界に確実な広がりをもっていたことが判るでしょう。

源智や覚如は確かに悪人正機説を語りました。しかし悪人正機説は顕密仏教側も口にした思想です。これは危険な思想でも何でもありません。悪人正機説と善人正因説とは同じ価値観を共有しており、常識的価値観に立脚した上で、悪人の救済を専門に請け負う特殊な神仏を設定する。阿弥陀仏であり、地蔵菩薩であり、春日大明神です。これが悪人正機説です。それは確かに救済思想でありますが、当時、民衆が悪人とされることが多かったことを思えば、……少しきつい言い方になりますが、それは民衆の愚民視を随伴した救済論でもあります。

女人正機説と悪人正機説

こうした悪人正機説の思想的な難点が、明瞭に露呈しているのが女人正機説です。これは南北朝時代くらいから浄土真宗や浄土宗で語られました。弥陀は女性を救済の正機にした、救済の中心にした、という教えです。つまり女性が正機で、男性は傍機です。ではなぜ女性が弥陀の正機となったかと言えば、女性は男性よりも罪が重いからです。ということで、女人正機を説いた文献では、女が男に比べていかに罪深い存在であるかが執拗に語られます。たとえば浄土宗聖聡《しょうそう》（一三六六～一四四〇）は女人正機説を唱えた人物ですが、彼の『大経直談要註記』には次のようにあります。

我が身ながらも、女人は疎《うとま》しく思《おぼ》しめすべく候。またその故は、地獄の使いは女人の形と変じ来たりて罪人を迎え、羅刹《らせつ》の鬼も女人の質《かたち》となりて人を妄《たぶら》かす。経に云わく「女人は地獄の使いなり。よく仏の種子を断つ。外面は菩薩に似て、内心は夜叉の如し」と云々。古塚の狐も女に変じて心を迷わす。何に況や真の女人の心を迷わすこと、これに過ぎたるべしと云いて書き給へり。しかのみならず夫を恨みては蛇となり、人を恋しては鬼となる。その縁、一に非《あら》ず。疎《うと》むべし、厭《いと》うべし。女人に賢人なし。胸に乳ありて心に智なきこと、げにげに女人なり。相《あい》構えて、この度、弥陀の本願に取りすがって、この疎ましき女身を捨ておわしますべく候。この度もし漏《も》れなば、また三《さん》塗《ず》の底に沈むべし。三塗の底に沈まば、またいずれの時にか、この縁に値《あ》わんや。

女性の罪深さが執拗なまでに繰り返されています。女人正機説とは女性蔑視の救済論に他なりません。ありていに言えば「女は男よりバカだから、弥陀はバカな女をまず救済する」というに過ぎません。それは確かに救済の教えではありますが、女性を侮辱した差別的救済論です。そして悪人正機説も同じ難点を抱えています。

図４　通俗浄土教の善人悪人観

この女人正機説をすばらしい教えと称讃できるでしょうか。これを誉めたたえる勇気のある人だけが、悪人正機説を称揚することができます。残念ながら私には、そのような無神経な勇気はありません。悪人正機説は私たちが継承すべきプラスの遺産ではありません。負の遺産です。そして法然・親鸞らは、それが負の遺産であることを見抜いて、悪人正機説の克服に努力したのです。ところが私たちは、悪人正機説をすばらしい思想であるかのように思い違いをしてしまった。親鸞が生涯を賭けて戦った思想を、あろうことか、親鸞自身の思想と誤認しているのです。親鸞＝悪人正機説と語ることは、彼を差別的救済論者におとしめることに他なりません。

通俗浄土教のまとめ

ここで議論を整理しておきましょう。上図のように、通俗浄土教には二つの善人悪人観がありました。中世では末法思想が流布していましたが、一般に末法思想では、釈迦在世の時代から正法・像法・末法へと時代が降るにつれて、人間の資質が劣ってゆくと考えています。昔の人は立派だったが、どんどん人間の質が落ちている、ということです。そこで、こうした末法観に基づく善人悪人観を「ⓐ上代の菩薩聖人（＋価値）」と「ⓑ末代の悪人（－価値）」と概括しておきましょう。昔は菩薩や聖人が数多くいたが、今は悪人だらけだ、というわけです。

しかし末法の世では人間が皆ダメになるかというと、そうではありません。総じて質が悪くなったというだけで、個々に見てゆけば、やはり立派な人間もいれば、ダメな人もいます。この末代の人々の中における善人悪人観を、ここでは「ⓒ善い人（＋価値）」と「ⓓ悪い人（－価値）」という言葉でまとめておきます。このように中世の人問観は一般に、ⓐⓑとⓒⓓという二組の善人悪人観から成り立っていました。

では、この二組の善人悪人観で正因説を語ると、どうなるでしょう。正因説の定式にⓐⓑとⓒⓓを当てはめると、次の文章ができあがります。

プラス価値正因説＝マイナスの価値存在でも往生、況やプラスの価値存在

ⓐ善人正因説＝「ⓑ末代の悪人（－価値）」でも往生、況や「ⓐ上代の菩薩聖人（＋価値）」

ⓒ善人正因説＝「ⓓ悪い人（－価値）」でも往生、況や「ⓒ善い人（＋価値）」

そして後者のⓒ善人正因説、これが悪人往生説話で語られた思想であり、『歎異抄』で世間の常識として紹介された思想です。ではこれらを悪人正機説で語るとどうなるか。悪人

正機説の定式にⓐⓑとⓒⓓを当てはめると、次の文章ができあがります。

悪人正機説＝傍機のプラス価値でも往生、況や正機のマイナス価値

ⓑ悪人正機説＝傍機の「ⓐ上代の菩薩聖人（＋価値）」でも往生、況や正機の「ⓑ末代の悪人（－価値）」

ⓓ悪人正機説＝傍機の「ⓒ善い人（＋価値）」でも往生、況や正機の「ⓓ悪い人（－価値）」

後者は覚如『口伝鈔』の主張です。ややこしい話で申しわけありません。ただ、通俗浄土教でこれらの表現が成り立つ、ということだけ確認しておきましょう。これらはいずれも表現は異なっていても、とりたてて珍しいことを主張をしているのではありません。これらと親鸞とはまったく違います。そこで、いよいよ親鸞の思想分析に入ります。

四　親鸞の善人悪人観

末代の平等的悪人

最初に「通俗浄土教の善人悪人観」と「親鸞の善人悪人観」を並列しておきます。ざっと比較すると、「ⓐ上代の菩薩聖人（＋価値）」と、親鸞の「ⓔ上代の菩薩聖人（＋価値）」はほぼ同じです。でも「ⓑ末代の悪人（－価値）」と親鸞の「ⓕ末代の平等的悪人（－価値）」

ⓐ上代の菩薩聖人（＋価値）
ⓑ末代の悪人（－価値）――ⓒ善い人（＋価値）
　　　　　　　　　　　　　ⓓ悪い人（－価値）
【通俗浄土教の善人悪人観】

ⓔ上代の菩薩聖人（＋価値）
ⓕ末代の平等的悪人（－価値）――ⓖ他力の悪人（＋価値）
　　　　　　　　　　　　　　　ⓗ疑心の善人（－価値）
【親鸞の善人悪人観】

図５　「通俗浄土教の善人悪人観」と「親鸞の善人悪人観」

は少し違う。さらに右側に行くと、まったく違う。「ⓒ善い人（＋価値）」と「ⓓ悪い人（－価値）」の代わりに、「ⓖ他力の悪人（＋価値）」と「ⓗ疑心の善人（－価値）」という独特の用語が登場してきます。

では、まず「ⓔ上代の菩薩聖人（＋価値）」と「ⓕ末代の平等的悪人（－価値）」から考えてゆきましょう。どんな史料でもよいのですが、たとえば『唯信鈔文意』の次の文章を見てください。

　われらは善人にも非ず、賢人にも非ず、（中略）誠なる心なき身なり。

私たちはもはや「善人」でもなければ「賢人」でもない、「誠なる心」を持ち得ない悪人だ、との深刻な人間観がここにうかがえます。そこで、これらの言葉の価値性を調べると、「善人」「賢人」や「誠なる心」はプラス価値と措定されていますし、「誠なる心なき身」はマイナス価値として扱われています。つまり、私たちは、あの立派な「善人（+価値）」でも「賢人（+価値）」でもない、と親鸞は悲嘆しているのです。では、プラス価値の「善人」「賢人」とは、どういう人たちでしょうか。次の和讃を見てください。

正像末の三時には、弥陀の本願広まれり、
　像季末法のこの世には、諸善龍宮《りゅうぐ》に入りたまふ
悪性さらに止めがたし、心は蛇蝎《じゃかち》のごとく也、
　修善も雑毒《ぞうどく》なる故に、虚仮《こけ》の行とぞ名づけたる
釈迦の教法ましませど、修《しゅ》すべき有情《うじょう》のなき故に、
　悟り得《う》る者末法に、一人もあらじと説きたまふ

末法の世界では善根は龍宮に入ってしまい、もはやこの世界に真実の善根は存在しません。真実の善根も、真実の修善も存在しないのですから、聖道《しょうどう》門による悟りはありえませんし、真の意味での「善人」も「賢人」も存在しないことになります。とすれば、「善人」「賢人」は末法以前の人ということになる。お釈迦さんの時代には「善人（+価値）」や「賢人（+価値）」がいたが、今はもう誰もいない、悪人だけだ、ということです。そこでこのプラス価値の「善人」「賢人」を、「ⓔ上代の菩薩聖人（+価値）」という語で概括することにします。

さて、末法の世界では真実の善も行も存在しないのですから、末代には悪人しかいません。通俗浄土教に見られた「善い人」と「悪い人」の別は消え去って、すべての人間が「穢《え》悪《あく》の群生《ぐんじょう》」ということになります。私たちは確かに善いこともすれば悪いこともします。でも真実の意味で善いことを行いうるかと問われれば、私たちの行動には常にいくばくかの打算や虚栄心が随伴していて、本当の意味での善行など存在しないことに気づきます。でも、本当の意味での善いことをしていないとしても、悪いことだって大したことはしていません。だけど、私がさほど悪いことをしていないのは、たまたまそういう状況に遭遇しなかっただけのことです。実際、ある極限状況に追い込まれれば、人間のできることなど、高が知れています。「その極限状況にあっても、自分の手を汚さないで、自分の心を汚さないでお前は生きてゆけるか」、そう問われれば、イエスと断言するだけの確信は私にはありません。

親鸞は言います。「さるべき業縁の催さば、いかなる振る舞いもすべし」。自分という人間が、いかに恐ろしい可能性を秘めた存在であるかを見抜いた言葉です。心やさしき兄、親孝行で家族思いの息子や、実直で朴訥な夫や父親たちが、虐殺者に豹変して蛮行をかさねることなど、珍しい話ではありません。そして彼らにできたことなら、私にできないはずがありません。私は状況次第で、どのようなことでもやりかねない人間なのです。だか

図6　親鸞像・熊皮の御影（奈良国立博物館蔵）

ら、私たちはすべて悪人たらざるを得ない、と親鸞は語っているのです。そこでこの悪人観、すなわち末代のすべての衆生は悪人たらざるを得ないという人間観を、「ⓕ末代の平等的悪人（－価値）」と概括することにします。

こうして「ⓔ上代の菩薩聖人（＋価値）」「ⓕ末代の平等的悪人（－価値）」という、一組の善人悪人観が出そろいました。そこで、これを正機説と正因説で語ってみましょう。まず、悪人正機説から試してみます。悪人正機説の定式にⓔⓕを当てはめると、次の文章ができます。

悪人正機説＝弥陀はプラスの価値存在を傍機（二番目）に、マイナスの価値存在を正機（一番目）とした

ⓕ悪人正機説＝弥陀は「ⓔ上代の菩薩聖人（＋価値）」を傍機（二番目）に、「ⓕ末代の平等的悪人（－価値）」を正機（一番目）とした

こういう文章ができます。では、これが親鸞の著作に実在するか、確かめてみましょう。

まず『教行信証』に、「未来衆生、往生の正機たることを顕わすなり」という文章が出てきます。「仏滅後の衆生が弥陀の正機だ」と言っていますので、釈迦在世中の衆生が傍機ということになります。『愚禿抄』には次の史料が見えます。

一、菩薩　二、縁覚　三、声聞辟支仏等　浄土の傍機なり

四、天　五、人　浄土の正機なり

「菩薩」や「縁覚」「声聞」など大乗仏教・小乗仏教の神話的聖者たちが傍機に、人と神が弥陀の正機とされています。

聖道の諸教は在世正法のためにして、全く像末法滅の時機に非ず。

『教行信証』のこの一節では、「釈迦がいらした時代や正法の世では聖道門による自力得悟が可能であったが、像末法滅の時代にはそれが不可能である」と述べています。ここから、像末法滅の衆生が弥陀の正機とされている、と推測できます。

こうしてみると、若干のズレがありますが、「上代の菩薩聖人（＋価値）」を傍機とし「末代の平等的悪人（－価値）」を正機とする思想が、親鸞に存在したことを確認することができます。先に述べたように、女人正機説が女性をバカにした救済論であったと同様、悪人正機説は悪人や民衆をバカにした差別的救済論です。しかし親鸞の場合、「善い人」と「悪

い人」を対象とした悪人正機説は存在せず、神話化された聖者と、末代の悪人との間での悪人正機説が残っているだけです。彼ら聖者は実際にはこの世には存在しないのですから、差別とはいっても実質的意味はありません。つまり親鸞は、これによって悪人正機説が随伴していた差別性を克服したのです。

屠沽下類のわれら

では次に、これを正因説で語ってみましょう。正因説の定式に、「ⓕ末代の平等的悪人（－価値）」と「ⓔ上代の菩薩聖人（＋価値）」を当てはめれば、次の文章ができあがります。

プラス価値正因説＝マイナスの価値存在でも往生、況やプラスの価値存在
ⓔ善人正因説＝「ⓕ末代の平等的悪人（－価値）」でも往生、況や「ⓔ上代の菩薩聖人（＋価値）」

そこで、これが親鸞に存在するか検証してみましょう。『教行信証』信巻で親鸞は『阿弥陀経聞持記《もんじき》』を引用していますが、その割注で、具縛凡愚《ぐばくのぼんぐ》や屠沽下類《とこのげるい》を取りあげて「かくの如き悪人、ただ十念に由《よ》りて便《すなわ》ち超往を得《う》」と記しています。また『唯信鈔文意』では、「具縛の凡愚や屠沽の類も本願を信楽《しんぎょう》すれば、煩悩具足のまま無上大涅槃《ねはん》に至る」と述べています。これらはいずれも、「具縛凡愚・屠沽下類のような悪人（－価値）でも往生できる」と語っていますので、その後に「況や善人（＋価値）」の語が隠されているのは明らかです。これを善人正因説と比較すると、両者は非常によく似ています。

善人正因説＝悪い人（－価値）でも往生、況や善い人（＋価値）

唯信鈔文意＝「具縛凡愚・屠沽下類（－価値）」でも往生

もしもこれが同じ内容であれば、親鸞が通俗浄土教と同一の善人正因説を口にしたことになります。でも、そうではありません。似ているだけで、中身がまるで違っています。『唯信鈔文意』の続きを読んでみましょう。

具縛はよろづの煩悩に縛《しば》られたるわれら也。（中略）屠《と》はよろづの生きたる物を殺し屠《ほふ》る者なり、これは猟師といふ者なり。沽《こ》はよろづの物を売り買う者なり、これはあき人なり。かやうの者どもは、みな石・かわら・つぶての如くなるわれら也。

ここで親鸞は、具縛凡愚・屠沽下類を「われら」と語っています。だけど、なぜ「われら」が具縛凡愚や屠沽下類なのでしょうか。いや、そもそも「われら」とは何なのでしょう。どういう広がりをもった概念として親鸞はこれを使用しているのでしょうか。注意すべきは『浄土高僧和讃』の次の歌です。

五濁悪世のわれらこそ、金剛の信心ばかりにて、
長く生死《しょうじ》を捨て果てて、自然《じねん》の浄土に至るなれ

また親鸞の書状にも「五濁悪世のわれら」という表現が登場します。つまり「われら」とは「五濁悪世のわれら」のことです。それは五濁悪世を生きる衆生すべてを指しており、決して親鸞とその弟子を指す言葉ではありません。「われら」とは、「末代の平等的悪人」の謂なのです。

われら＝五濁悪世のわれら＝ⓕ末代の平等的悪人＝屠沽下類・具縛凡愚

ではなぜ屠沽下類が「われら」なのでしょうか。屠沽下類が「われら」だということは、「末代の一切衆生は屠沽下類であり、猟師・商人そのものだ」ということです。実際に殺生の罪を犯していようと犯してなかろうと、私たちが生命《いのち》を食べて生きている以上、私たちは本質的に殺生を犯しているし、また犯してもきた。だから私たち末代の衆生は、すべて屠沽下類なのです。つまり屠沽下類とは漁猟師や商人を指すのではなく、私たち末代の衆生の実相を象徴的に表現した比喩的形容に他なりません。親鸞のいう屠沽下類とは、屠沽下類（漁猟師・商人）のことではありません。屠沽下類とは私たち人間一般のことです。自分の生業が何であろうと、私たち人間はすべて屠沽下類なのです。

この史料をもとに、親鸞門下に漁猟師や商人が多かった、と論ずる研究も多いのですが、史料解釈がおかしいと思います。それはあたかも「人は旅人だ」とか「仏のもとでは人は盲目だ」といった言葉から、信者に旅人が多かったとか、盲目の人が多かったと主張するのと同じ水準のナンセンスな議論です。親鸞門下がどのような人々によって構成されていたのかは、随分むずかしい話でして、実際に漁猟師や商人が多かったのか、百姓や武士が多かったのか、このことを本格的に論ずる用意ができていませんが、少なくとも屠沽下類の史料を親鸞門徒の実態分析の史料として援用できないことだけは明白です。「私たち人間は屠沽下類だ」という親鸞の言葉は、「人は旅人だ」「秋は詩人だ」と語るのと同じ水準の比喩表現だからです。後述する「疑心の善人」や「他力の悪人」とて同様です。

話を戻しましょう。以上から明らかなように、親鸞の「屠沽下類でも往生、況や善人」とは、屠沽下類のような「悪い人（−価値）でも往生、況や善い人（＋価値）」という善人正因説なのではありません。屠沽下類は「末代の平等的悪人（−価値）」を指すのですから、「末代の平等的悪人（−価値）」でも往生、況や「上代の菩薩聖人（＋価値）」という思想なのです。これは先に予想したⓔ善人正因説と、そのまま一致します。

ⓔ善人正因説＝「ⓕ末代の平等的悪人（−価値）」でも往生、況や「ⓔ上代の菩薩聖人（＋価値）」

こうして予想どおり、ⓔ善人正因説を親鸞の作品に確認することができました。親鸞には「善い人」「悪い人」を対象とする善人正因説は登場しません。彼は、善人正因説が抱えている大衆蔑視を克服したのです。

五　悪人正因説

疑心の善人

問題はここからです。繰り返しますが、親鸞にあっては末代の一切衆生はすべて悪人であり、そこには通俗的な意味における「善い人」と「悪い人」の弁別はなされていません。しかし、末代の衆生がすべて同質かというと、そうでもありません。末代の衆生の中にも善人と悪人の区別があります。ところがその善人悪人観は、通常の意味におけるそれとは全く異質です。『正像末浄土和讃』を見てみましょう。

自力称名の人は皆、如来の本願信ぜねば、
　疑ふ罪の深きゆえ、七宝《しっぽう》の獄にぞいましむる
仏智《ぶっち》疑惑の罪により、懈慢辺地《けまんへんぢ》にとまるなり、
　疑惑の罪の深きゆえ、年歳劫数《ねんさいごうしゅ》をふるると説く
罪福ふかく信じつゝ、善本修習する人は、
　疑心の善人なる故に、方便化土にとまるなり

自力の人々は本願を疑った罪のため、方便化土で「七宝の獄」という懲罰を受ける、と述

べています。さて、これらの和讃には「疑心の善人」「自力称名の人」「善本修習する人」という言葉が登場します。彼らはいずれも「仏智疑惑の罪」を背負った人々ですので、マイナスの価値存在であることは明らかです。つまりここには、マイナス価値の善人という独特の概念が登場しているのです。

通俗浄土教の「ⓐ上代の菩薩聖人（＋価値）」や「ⓒ善い人（＋価値）」、あるいは親鸞の「ⓔ上代の菩薩聖人（＋価値）」は、いずれもプラス価値の善人概念ですから、ここに登場するマイナス価値の善人概念とは概念内容がまったく別です。そこで親鸞の場合、「上代の菩薩聖人（＋価値）」とは別に、もう一つマイナス価値の善人概念を措定することが必要となってきます。史料には「疑心の善人」「自力称名の人」「善本修習する人」などと出てきますが、ここではそれを「ⓗ疑心の善人（－価値）」という言葉で概括します。しかもこれは和讃だけでなく、彼の主著『教行信証』にも登場しています。

凡《およ》そ大小聖人・一切善人は、本願の嘉号《かごう》を以て己《おの》が善根となす故に、信を生ずること能《あた》わず、仏智を了《さと》らず、彼の因を建立せることを了知《りょうち》する能《あた》わざるが故に、報土に入ること無きなり。

大乗小乗の聖人たちや、すべての善人たちは、念仏を称えることを自分の善根と考えるため、真実の信心を得ることができず、弥陀の誓願の意味も理解することができないため、報土に往生することはない、と述べています。この「大小聖人・一切善人」は信心を得ることのできない人々であり、誓願の意味を理解できない人であり、報土往生できない人たちですから、マイナス価値として措定されていることは明らかです。このようにマイナス価値の善人概念、つまり「疑心の善人（－価値）」を親鸞の主著でも確認することができるのです。

他力の悪人

しかし困ったことに、親鸞の著作には「疑心の善人（－価値）」に対応する悪人概念が登場しません。ペアの片割れが出てこないのです。これが研究を混乱させた最大の原因です。でも、「疑心の善人」という用語を親鸞が使用している以上、彼の頭のなかには、その反対概念が想定されていたはずです。ではそれは何でしょうか。推測してみましょう。

「疑心」の反対概念としては「信心」とか、「他力」といった言葉が思い浮かびます。「善人」の反対概念は「悪人」です。ですから、「疑心の善人（－価値）」の反対概念を、ここでは「ⓖ他力の悪人（＋価値）」と呼ぶことにします。この言葉は親鸞の作品には登場しませんが、頭のなかでは、これが想定されていたはずです。

ところが、この「他力の悪人」が登場する史料が一つだけあります。『歎異抄』です。『歎異抄』第三条に「他力をたのみたてまつる悪人、もとも往生の正因なり」と出てきます。「他力をたのみたてまつる悪人」は正因だと語られているのですから、少なくともこれがプラス価値であることは明白です。しかも、先に推測した「他力の悪人」と、用語的にもたいへんよく似ています。

つまり、親鸞の文献で善人悪人観を追いかけても、「疑心の善人」は出てきますが、その反対概念が登場せず、善人悪人概念が完結しません。そのミッシングリンクが『歎異抄』に登場するのです。親鸞の作品から存在を予測することができるが、実際には確認できない、その言葉が『歎異抄』に見えるのです。『歎異抄』の史料的価値については、随分いろんな議論があります。しかし、「他力の悪人」という失われた用語を確認することができる、その意味において『歎異抄』第三条は、親鸞研究にとって決定的な重要性をもっているのです。*

＊親鸞の悪や悪人観を分析した研究は数多いが、こうした研究は一つの方法的難点を有している。今残されている親鸞の史料に「他力の悪人」概念が登場しない以上、こうした方法では史料残存の偶然性に足をすくわれかねない。それを防ぐには、悪人観だけを追求するのではなく、善人悪人概念の対応関係に留意しながら、それらを総体として分析することが不可欠である。

こうして、親鸞に特有の善人悪人概念の存在が確認できました。では、これを悪人正機説で語ることもできれば、正因説で語ることも可能なはずです。まず、悪人正機説の定式に「ⓖ他力の悪人（＋価値）」「ⓗ疑心の善人（－価値）」を当てはめてみましょう。

悪人正機説＝弥陀はプラスの価値存在を傍機（二番目）に、マイナスの価値存在を正機（一番目）とした

ⓗ善人正機説＝弥陀は「ⓖ他力の悪人（＋価値）」を傍機（二番目）に、「ⓗ疑心の善人（－価値）」を正機（一番目）にした

論理的にはこういう発言を想定できますが、実際には存在しません。親鸞は「他力の悪人」と「疑心の善人」を包含した、末代の衆生総体を弥陀の正機と考えているからです。

では次に「ⓖ他力の悪人（＋価値）」と「ⓗ疑心の善人（－価値）」を正因説の定式に当てはめてみましょう。すると悪人正因説が生まれます。

プラス価値正因説＝マイナスの価値存在でも往生、況やプラスの価値存在

ⓖ悪人正因説＝「ⓗ疑心の善人（－価値）」でも往生、況や「ⓖ他力の悪人（＋価値）」

そしてこれが、『歎異抄』の「善人なをもて往生をとぐ、いはんや悪人をや」と一致するのです。親鸞の作品に登場しなかった悪人正因説が、『歎異抄』で確認することができました。親鸞の著作には、「疑心の善人（－価値）」概念しか登場しませんが、そこから「他力の悪人（＋価値）」の存在が推測でき、さらにそこから悪人正因説の存在が推測できたのですが、まさに推測どおりのものが『歎異抄』に存在していたのです。この事実は、親鸞と『歎異抄』第三条との思想的一体性をよく示しているはずです。

では、「疑心の善人（－価値）」とは、どういう人なのでしょうか。彼らは自力が不可能となった末代の衆生の一員です。ですから、阿弥陀仏はこうした末代の衆生を救済の正機としました。ところが、「疑心の善人」たちは、弥陀の正機であることも、末代に真実の善根が存在しないことにも気づいておらず、自らを善人と錯覚したまま、なお自力作善に励んでいます。そのため彼らは「仏智疑惑の罪」を背負っているのです。つまり、「疑心の善人」とは、ありていに言えば不信心の人のことです。不信心の人がマイナス価値なのは当然でしょう。

一方、「他力の悪人（＋価値）」も末代の衆生の一員であり、弥陀の正機です。彼らは弥陀の誓願を理解し、悪人であることを自覚して他力の信心に入っています。つまり、「他力の悪人」とは信心をもった人の意に他なりません。ですから、悪人正因説とは「不信心の者（－価値）でも往生できる、況や信心の者（＋価値）の往生は当然だ」の意であり、別に特異なことを語ったものではありません。

とはいえ、もしも『歎異抄』の冒頭が「不信心の者でも往生できる、況や信心の者の往生は当然だ」で始まっていれば、どうでしょうか。この程度の発言には誰も見向きもしないでしょう。信心の者を「他力の悪人」、不信心の者を「疑心の善人」と呼んでみせた、このところに親鸞の思想表現のすごさがあり、『歎異抄』の思想的衝撃力の源があったことを忘れてはなりません。「善人なをもて……」は確かに意味的には「不信心の者でも往生……」の意でありますが、しかし他方では、容易にそれに還元できない思想表現上の質があるのです。

結論すれば、『歎異抄』の「善人なをもて往生をとぐ、いはんや悪人をや」とは、「疑心の善人（－価値）でも方便化土に往生する、況や他力の悪人（＋価値）の報土往生は当然だ」という意味だったのです。

親鸞思想は悪人正機説か

こうして見てくると、『歎異抄』と、覚如の『口伝鈔』の距離がいかに大きいかが判るでしょう。両者とも、「善人なをもて往生をとぐ、いはんや悪人をや」と語りました。しかし『歎異抄』のそれが「疑心の善人（－価値）でも往生できる、まして他力の悪人（＋価値）の往生は当然だ」という内容だったのに対し、『口伝鈔』のそれは「傍機（二番目）の善人（＋価値）でも往生できる、まして正機（一番目）の悪人（－価値）の往生は当然だ」というに過ぎません。善人の捉え方が、マイナス価値からプラス価値へと百八十度異なって

図７　夭逝した稚児をしのぶ覚如（『慕帰絵詞』、西本願寺蔵）

います。覚如は親鸞が保持していた「疑心の善人」概念を放棄して、顕密仏教との妥協を図ったのです。彼は親鸞の言葉を、悪人正機説の文脈で再解釈して、親鸞を顕密仏教的価値観のもとに位置づけ直しました。本願寺を延暦寺の末寺として維持・発展させるには、親鸞を顕密仏教的高僧に描きかえることが必要だったのです。覚如にとってはそれが、自らに課せられた思想的課題と考えたのでしょう。私は、それはそれで一つの重い歴史の選択だったと思います。そして彼はみごとにそれを達成しました。

私たちは一般に、親鸞思想を悪人正機説と呼んでいます。しかし、こうした捉え方そのものが、顕密仏教との妥協の歴史的産物に他なりません。私たちは今なお、覚如の呪縛に囚われているのです。法然は聖光・良忠の呪縛に閉ざされ、親鸞は覚如の幻影に囚われたままです。私たちは彼らを、その呪縛や幻影から解き放たなければなりません。

もちろん、浄土真宗を創りあげたのが覚如である以上、真宗の人々が覚如にしたがって、親鸞思想を悪人正機説と語りたいなら、それはそれで結構です。しかし悪人正機説が顕密仏教の世界で確実な広がりをもっていた以上、親鸞＝悪人正機説と評することは、親鸞に思想的オリジナリティーがなかったというのと同義であり、親鸞の思想的画期性を否定することでもあります。彼の画期性を否定して悪人正機説と評するか、それとも親鸞＝悪人正機説を拒否するのか、親鸞も言うように、ここから先は「面々の御はからひ」です。

さて私は、善人正因説について、「これは正確には善根正因説であり、善根正因説の修辞的文学的表現だ」と述べました。とすれば、悪人正因説についても同じことが言えるでしょう。

不思議の仏智を信ずるを、報土の因としたまへり、
信心の正因うることは、難《かた》きが中になを難し

このように親鸞は、信心正因説を懐いていました。そして親鸞の信心の中核は機の深信、

つまり悪人であることの自覚です。とすれば、悪人であることの自覚が往生の正因と言ってもよいでしょう。ですから正確には、「他力をたのみたてまつる悪人」が正因ではなく、悪人であることを自覚して「他力をたのみたてまつる」ことが正因です。その意味では悪人正因説とは、信心正因説の修辞的文学的な表現なのです。*

＊もしも修辞を排し、あくまで論理的に語りたければ、親鸞には悪人正機説も悪人正因説も存在しない。あるのは、末代衆生正機説と信心正因説だけである。確かに遠藤美保子氏が指摘するように、『歎異抄』が「他力の悪人」を「正因」と表現しているのは厳密に言えば適切ではない（「悪人正因理論と顕密体制論への若干の疑問」『年報中世史研究』二三、一九九八年）。しかし「疑心の善人」に対する「他力の悪人」の優位性を一言で表現できる言葉が他に存在するのだろうか。代替する言葉が存在しない以上、それを「正因」と言い表すことは、思想表現のありようとして、氏が非難されるほど不当なこととは言えないだろう。

六　『歎異抄』と親鸞

『歎異抄』の私釈

以上のことを前提にして、『歎異抄』第三条を読み解いてみましょう。私（平）の解釈では第三条全体を説明することができない、と松本史朗氏から批判されていますので、私なりの読みを提示しておく必要もあるのです。

解釈のむずかしい部分が確かにあります。もしも唯円の研究をするのであれば、『歎異抄』解釈は厳密である必要があります。しかし、私が知りたい、そしておそらく皆さんがお知りになりたいのは、唯円ではなく親鸞の思想であるはずです。『歎異抄』では私たちは、唯円を介して親鸞を理解するしかありません。だけど唯円が、どこまで正確に親鸞の言葉を書き留めたのか、正直言って判然としません。とすれば、細かな文脈に拘泥することはあまり意味がないと思います。私たちは『歎異抄』から親鸞を読み解きたいのですから、ここに登場する単語に、親鸞の用語を当てはめながら、おおよその形で読めばよいのです。そして読みとった内容に整合性があれば、それで十分です。

これまで明らかになった親鸞の用語や発言をもとに、読んでみましょう。

歎異抄　善人なをもて往生をとぐ、いはんや悪人をや。しかるを世の人常に云はく、悪人なを往生す、いかに況や善人をや。

私　釈　信心に欠けた「疑心の善人（－価値）」でも方便化土に往生する、いわんや信心に篤い「他力の悪人（＋価値）」の報土往生は当然だ。ところが世間の人は、「悪い人（－価値）」でも往生す、いわんや「善い人（＋価値）」の往生は当然だ、と語っている。

歎異抄　この条、一旦その謂《いは》れあるに似たれども、本願他力の意趣に背けり。その故は、自力作善の人は、ひとへに他力を頼む心欠けたる間、弥陀の本願に非ず。しかれども、自力の心を翻《ひるがへ》して他力を頼みたてまつれば、真実報土の往生をとぐる也。

私　釈　世間の人の考えはもっともなように見えるが、本願他力の趣旨に反している。なぜなら、「疑心の善人（＝価値）」は自力が不可能であることを理解せず、他力の信心を欠如しているので、弥陀の意志に反している（仏智疑惑の罪によって報土往生は叶わない）。しかし「疑心の善人（＝価値）」が、自力の不可能なことを察知して他力の信心に帰入すれば、報土往生が可能となる。

歎異抄　煩悩具足のわれらは、いづれの行にても生死《しようじ》を離るゝ事あるべからざるを、哀れみ給ひて願を起こし給ふ本意《ほい》、悪人成仏のためなれば、他力を頼みたてまつる悪人、もとも往生の正因なり。よて、善人だにこそ往生すれ、まして悪人はと、仰せ候ひき。

私　釈　「末代の平等的悪人（＝価値）」たる私たちは、いかなる行によっても自力では得悟も往生も不可能である。阿弥陀仏はそれを哀れんで、私たち「末代の平等的悪人（－価値）」を正機として救済すると誓われた。だから、その弥陀の意図を理解して他力の信仰に入った「他力の悪人（＋価値）」が報土往生の正因なのである。そこで、「疑心の善人（－価値）」でも方便化土に往生できる、まして「他力の悪人（＋価値）」の報土往生は当然だ、と親鸞聖人はおっしゃった。*

＊「煩悩具足のわれら」を「他力の悪人」と同一視する見解が多いが、賛成できない。また「他力を頼みたてまつる悪人、もとも往生の正因なり」を造悪無碍の主張と結びつけて捉える向きもあるが、「他力を頼みたてまつる悪人」が「悪い人（－価値）」の意ではなく、「他力の悪人（＋価値）」概念であることを見落としている。悪人正因説とは、「悪い人」正因説ではなく、あくまで「他力の悪人」正因説である。

親鸞研究と『歎異抄』

最初に紹介しましたように、末木文美士氏は、『教行信証』の悪や悪人観と『歎異抄』のそれとを比較検討し、両者に大きなへだたりがあることを明らかにして、

『歎異抄』第三条をもって、親鸞の悪人論と解する平説、あるいは平説に留まらず従来の多くの説はまったくの誤りである

と結論しています。末木さんの結論は非常に厳しいものですが、氏の議論には次の三つの立場が混在しています。

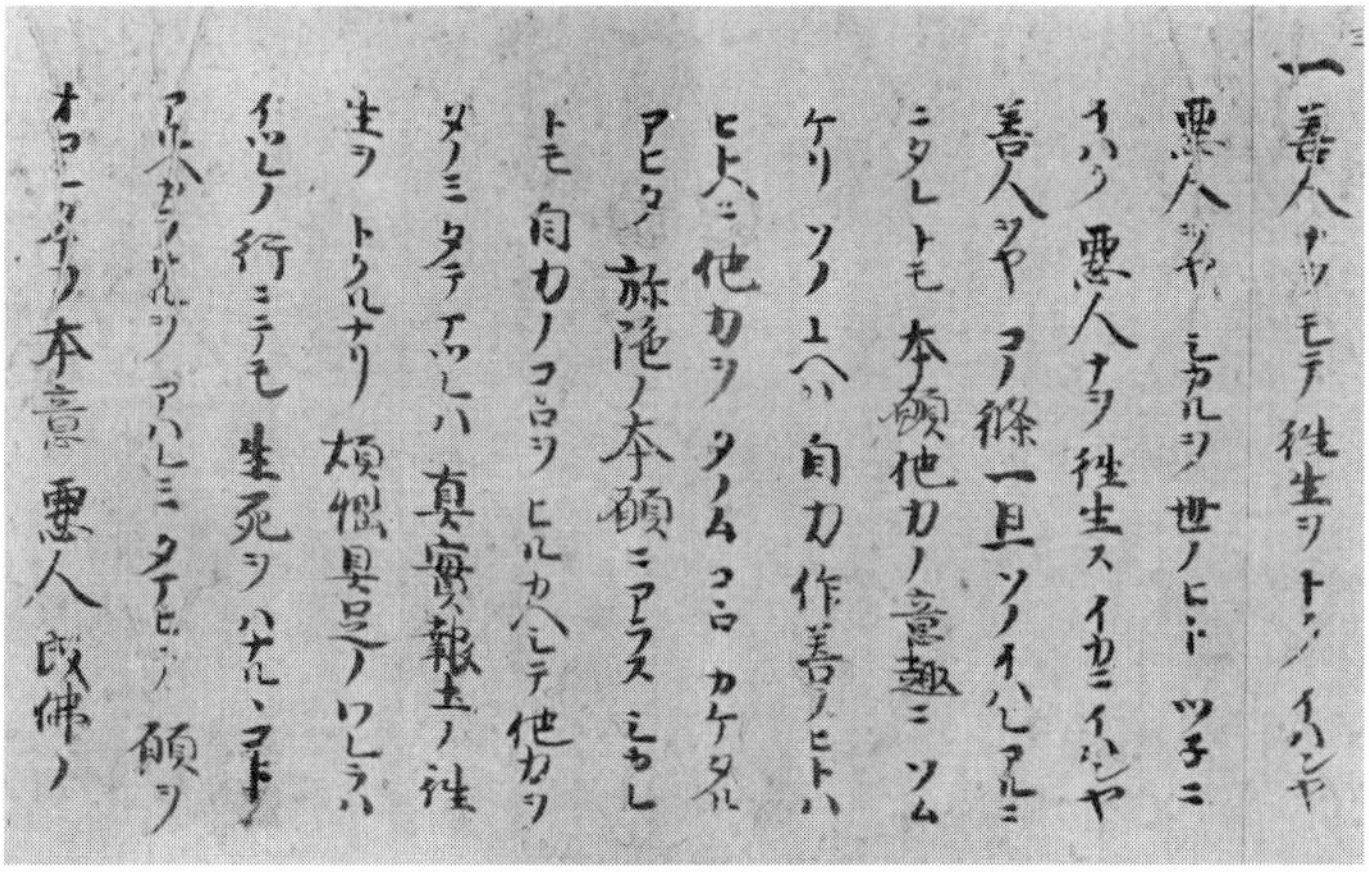
一善人ナヲモテ往生ヲトク　イハンヤ
悪人ヲヤ　シカルヲ世ノヒト　ツネニ
イハク悪人ナヲ往生ス　イカニイハンヤ
善人ヲヤ　コノ條一旦ソノイハレアルニ
ニタレトモ本願他力ノ意趣ニ　ソム
ケリ　ソノユヘハ自力作善ノヒトハ
ヒトヘニ他力ヲタノムココロカケタル
アヒタ彌陀ノ本願ニアラス　シカレ
トモ自力ノココロヲヒルカヘシテ他力ヲ
タノミタテマツレハ真實報土ノ往
生ヲトクルナリ　煩惱具足ノワレラハ
イツレノ行ニテモ生死ヲハナルルコト
アルヘカラサルヲアハレミタマヒテ　願ヲ
オコシタマフ本意悪人成佛ノ

図8　「善人なをもて……」の部分（『歎異抄』第三条、西本願寺蔵）

①『歎異抄』第三条は親鸞の悪人論と解することができない。
②『歎異抄』第三条は親鸞思想を反映しているが、これだけが親鸞思想ではない。
③『歎異抄』第三条は親鸞思想を反映しているが、これは親鸞の中心思想とは言えない。

このうち③の論証は行われておらず、②が氏の基本的立場であるようなのですが、これに関しては異論のあろうはずがありません。第三条のわずか三百字足らずの文章に親鸞思想の全容がおさまっているなどといった妄想に、なぜ私が囚われなければならないのでしょう。とすれば問題となるのは、①だけです。末木さんがこの考えをとっているかどうかの判断は微妙ですが、末木さん以外にもそう主張する研究者もいるだけに、回答が必要でしょう。

かつて家永三郎氏は、『歎異抄』「善人なをもて……」を高く評価しながらも、その思想が親鸞の主著に見えないことに困惑を示しました（「親鸞の宗教の成立に関する思想史的考察」『中世仏教思想史研究』法藏館、一九四七年）。そしてその後も多くの研究者が、主著と『歎異抄』との間に立ちはだかる史料の壁に苦しんできました。そうしたなかで、『歎異抄』と親鸞との異同を慎重に見きわめようとする気運が広がってきたのも、ある意味では当然だったと思います。これまで私たちは、この史料の壁を乗り越えようともがいてきましたが、本当はそれは乗り越えるべき壁ではなくて、越えてはならない壁かもしれない。これは史料の壁ではなく、親鸞と『歎異抄』との間にそもそも存在していた思想の違い、両者の間に横たわる思想の溝と考えるべきではないか、ということです。この研究史の展開はまっとうなものです。

しかし、にもかかわらず、それはやはり乗り越えるべき史料の壁だった、と私は思います。確かに『歎異抄』の「他力の悪人」概念は、『教行信証』をはじめとする親鸞の主著に鮮明な形では登場しません。しかし「疑心の善人」概念の存在から親鸞が「他力の悪人」概念を保持していたことが予測でき、まさにその通りのものを『歎異抄』第三条で確認することができました。このことは『歎異抄』第三条と親鸞との思想的一体性を示すとともにに、その史料的有効性を改めて指し示しているはずです。そこにあったのは思想の溝ではなく、やはり史料の壁だったのです。「疑心の善人」という概念は、「他力の悪人」概念の欠落を補うとともに、親鸞と『歎異抄』との間に立ちはだかった壁を私たちに乗り越えさせてくれたのです。

もちろん、唯円が親鸞とは別人格の自立した一人の人間であった以上、親鸞と唯円の思想的異同は今後も慎重に吟味される必要があるでしょう。しかしこれまでの研究を見る限り、『歎異抄』に伝えられた親鸞の発言の史料的信憑性まで疑わなければならないような論証は、いまだ成されていません。その点からすれば、『歎異抄』に活写されたあの魅力的な親鸞の姿や言葉を、私たちは今後とも安心して味読すればよいのです。

ただし『歎異抄』は、親鸞が話した言葉を、かなりの時間が経った後に唯円が記憶に基づいて記したものです。一般に話し言葉は、ただでさえ文脈の乱れが生じやすく、慈円の『愚管抄』のように、本人が書いたものですら文脈をたどるのに随分骨が折れます。『歎異抄』はその話し言葉を、かなり後に記憶に基づいて別人が記しているのですから、文章が正確さに欠けるのは止むを得ません。『歎異抄』に限らず、一般にこういう類の文献は、あまりきっちり厳密に読もうとすると、かえって文意をつかみ損ねてしまいます。いわば半透明ガラスを通して親鸞を眺めるようなものですから、所詮、細部は判りません。ですから皆さんは『歎異抄』を大ざっぱに読めばよいのです。細部にこだわらずにザアーと読む、その方がはるかに真意が伝わるはずです。自信をもって大胆に読んでください。

さて……、親鸞は従来のような「善い人」「悪い人」に代えて、独特の善人悪人概念を創出しました。そして信心の必要性を強調して、信心をもっていない人々に「仏智疑惑の罪」があると指弾しました。しかし他方では、この信心は如来から賜ったものであるはずです。阿弥陀仏はなぜその信心を「他力の悪人」にだけ与えて、「疑心の善人」には付与しなかったのでしょうか。弾圧という苛酷な運命を、なぜ阿弥陀仏は「他力の悪人」に背負わせようとなさるのか。「疑心の善人」たちは何ゆえに「七宝の獄」に閉じこめられなければならないのか。もしも阿弥陀仏の慈悲が絶対的なものであるならば、「疑心の善人」の存在自体が不可解ではないか。信心なき人々はなぜ存在するのか。いや、そもそも信心なるものに意味があるのか。機の深信は自力ではないのか。むしろ信心や主体性などといった自力のさかしらを超えてこそ、他力ではないか。弥陀の誓願は、これら一切のはからいを吹き飛ばすほどの、絶対的なものでなければならないはずだ……。

親鸞の信心為本の思想と、信の弥陀廻向論とは、もともと論理の矛盾を内包しています。そして両者をつなぎとめる危うい均衡の破綻、これがやがて親鸞を、自然法爾思想へと向かわせた内的要因なのだろうと思うのですが、それはここのテーマからは大きく逸脱する問題です。これで終わらせていただきます。*

＊末木文美士氏は、親鸞には悪人正機以外にも五逆謗法という重要な思想的テーマがあり、『歎異抄』第三条は親鸞思想の一面を伝えたに過ぎない、と主張している。しかし親鸞の思想が悪人正機や悪人正因の問題に終始したのではなく、自然法爾など、最晩年に新たな思想変容があったとするのは、むしろ親鸞研究者の通説的理解ではないのか。五逆謗法の問題は、まさにこの思想変容と関わっている。私が拙著で悪人正因説について論じた際、その論文をこれは親鸞論ではないと繰り返し述べたのは（『日本中世の社会と仏教』二五五頁、五一一頁）、当然のことながら、これらを念頭に置いていたためである。しかも氏は、五逆謗法を悪人論として捉えているが、むしろこれは「疑心の善人」論として議論されるべきテーマではないのか。いずれにしても、親鸞研究者にとって常識に類する事柄を根拠にして、「教理生齧り」と揶揄されるのはいかがなものであろう。残念ながら私は、親鸞に関する限り、末木氏の仕事にこれといったオリジナリティーを感得することができなかった。

嘉禄の法難と聖覚・親鸞

一　聖覚と『金綱集』

弾圧を求めた聖覚

親鸞は晩年、聖覚《せいかく》*や隆寛《りゅうかん》の著作を盛んに書写して東国の門弟たちに送付しました。聖覚の『唯信鈔』、隆寛の『一念多念分別事』『自力他力事』『後世物語聞書』といった作品がそうです。また『唯信鈔文意』『一念多念文意』などの注釈書も執筆しています。こうしたこともあって、聖覚と隆寛は法然と親鸞の間を架橋する思想家として論じられてきました。たとえば松本彦次郎氏は、法然から聖覚、そして親鸞という形で浄土教思想の発展を構想しましたし、家永三郎氏は法然→隆寛→親鸞の流れで悪人正機説の形成を捉えました。法然から親鸞への思想展開はやや落差が大きすぎるため、その間に聖覚や隆寛を介在させれば移行や展開を、よりスムーズに把握できると考えたのです。ところが、こうした議論は重大な事実を見落としています。嘉禄《かろく》の法難で聖覚と隆寛が正反対の立場にたっていたという事実です。

＊聖覚を「しょうかく」と読ませる辞書もあるが、同時代史料に「せいかく」と記されており、これに従いたい。

嘉禄の法難というのは、嘉禄三年（一二二七）に行われた専修念仏に対する大弾圧です。事件の発端は、定照《じょうしょう》という延暦寺出身の僧侶が、法然の『選択本願念仏集』を批判したことにあります。これに対して隆寛は定照に反論しました。『選択集』をめぐる二人の論争はやがて延暦寺に伝わって大騒動となり、延暦寺の要求を容れて朝廷は専修念仏の弾圧に踏み切りました。隆寛ら有力門弟三名が流罪となり、その信者は京都から追放され、『選択本願念仏集』は禁書となりました。専修念仏は大打撃を受けたのです。

ところが『金綱集《きんこうしゅう》』という史料を見ますと、この法難のさなかに聖覚が専修念仏の弾圧を朝廷に要求した、という衝撃的な記事が出てきます。もしもこの記事が正しいならば、聖覚は朝廷に弾圧を要求した側、隆寛は弾圧された側ということになります。聖覚も隆寛もいずれも延暦寺の僧侶ですが、私たちはこれまでこの二人を、法然の弟子とは言えないにしても、非常に近しい客分的存在と考えてきました。しかし、こうした想定が根本から崩れてしまいます。また親鸞は東国門弟に二人の作品を読むよう勧めましたが、少し前には二人が弾圧する側と弾圧される側に分かれていたのですから、親鸞のこの勧めは何だったのか、ということにもなりかねません。

無視された史料

このように『金綱集』の記事は、衝撃的な内容を含んでいます。ところがどうしたことか、これほど重要な史料であるにもかかわらず、この記事の信憑性についての学問的検証は行われてきませんでした。私も浄土教理史を多少かじったことがありますので、その理由はよく判ります。こんなことは、とうていありえない話だ、と考えたのです。たとえば松本彦次郎氏は次のように述べています（『日本文化史論』河出書房、一九四二年、一三二頁）。

選択集破棄のこの問題に関連した念仏停廃に聖覚が賛成をしたと云ふことはあり得べからざることである。（中略）唯信鈔の著者である聖覚が法然の選択集を非難することは自分の宗義の自殺を謀ると同じことである。

そして私も松本氏と同じように、『金綱集』の記事はありえない話だと思っていました。なぜなら浄土宗にせよ、浄土真宗にせよ、現在はもちろんのこと、当時においても聖覚に対して非常に好意的だからです。

たとえば最初にお話ししましたように、親鸞は弟子たちに二人の著作を読むよう勧めて

図１　法然の弟子たち。中央右より聖覚・隆寛（『伝法絵断簡』）

います。また隆寛の弟子に信瑞《しんずい》という人物がいますが、彼はその著書『明《みょう》義《ぎ》進行集《しんぎょうしゅう》』（一二七九年成立）で「吾《わ》が後に念仏往生の義、すぐに言はんずる人は聖覚と隆寛となり」という法然の言葉を伝えています。もちろん、これは法然の言葉として信用に足るものではありませんが、少なくとも信瑞は、聖覚と隆寛を法然の思想的後継者として描いているのです。

　さらに『法然上人行状絵図』があります。『四十八巻伝』ともいい、鎌倉時代の末に浄土宗の人々が中心となって作成した法然伝の集大成ともいうべき作品ですが、この巻十七に次の二つの話が見えています。まず、ある信者が「上人が亡くなった後は誰に教えを乞えばよいのでしょうか」と質問したところ、法然が「聖覚だ」と答えたという話です。もう一つは、聖覚が説法した折に、「私の説法は法然上人の教えのとおりだ。もしなお不審があれば鎮西《ちんぜい》の聖光房《しょうこう》にお聞きなさい」と語った、というものです。「鎮西の聖光房」とは、浄土宗鎮西派の派祖である聖光房弁長《べんちょう》（一一六二～一二三八）のことです。法然が聖覚を思想的後継者に指名し、その聖覚は弁長を大いに信頼していた、と言っているのです。これまた事実とは認めがたい話ですが、少なくとも浄土宗の人々は、弁長が法然の思想的後継者であることを、聖覚を媒介にして証明しようとしています。このように鎌倉中後期の史料を見る限り、親鸞も、信瑞も、そして浄土宗も、聖覚に対してたいへん好意的です。そのこともあって真宗寺院のなかには、法然・聖覚・親鸞の絵像を安置しているところすらあります。

しかも聖覚が執筆した『唯信鈔』についていえば、この方面の代表的な研究者である松野純孝氏は、思想分析の結果、『唯信鈔』は『選択集』のエッセンスをみごとに要約した著作だ、と結論しています（『親鸞』三省堂、一九五九年）。そして実際のところ聖覚は、法然のことを「釈尊の使者」とか、「善導の再誕」「わが大師聖人」などと呼んでいます。こうした事情からすれば、松本氏ならずとも、『金綱集』の記事がありえないと考えるのは、当然のことだと思います。

そして私も、そう考えてきました。『金綱集』は日蓮宗の僧侶が執筆したものですので、法然憎さのあまり記事を捏造したのだろう、と気楽に考えていました。ただし、この記事はありえない話だとは思うけれども、気にかかるので信憑性がないことを自己確認しておこう、この程度の軽い気持ちで史料を集めてみました。その結果、私は驚くべき結論に達してしまいました。私の意図と予想に反して、あの記事の信憑性が疑いえないことを、私は発見してしまったのです。立ち上がることができないほど、衝撃的なことでした。

二　専修念仏への弾圧

中世国家による弾圧

本題に入る前に、専修念仏の弾圧について、いくつか誤解があるようですので、まずその点を正しておきたいと思います。専修念仏への弾圧は、建永二年（一二〇七）の建永の法難が最初です。法然や親鸞らが流罪となった事件です。それに次ぐ大弾圧が嘉禄三年（一二二七）の法難でして、この後も弾圧が繰り返されました。

まず留意すべきは、これは顕密仏教による弾圧ではない、ということです。弾圧はあくまで中世国家によって成されています。顕密仏教が朝廷に弾圧を要請し、朝廷がそれに応えて弾圧を行ったのです。たとえば建永の法難では、弾圧を命じた太政官符《だじょうかんぷ》の一部が伝わっています。太政官符というのは、朝廷が出したもっとも正式で格式の高い文書様式です。そのなかで朝廷は、専修念仏を「誠にこれ天魔障遮《しょうしゃ》の結構《けっこう》と謂《い》いつべし。寧《あに》また仏法弘通《ぐつう》の怨讐《おんしゅう》に非《あら》ずや」と決めつけています。つまり、法然らの教えは仏教ではない。彼らはむしろ仏法の怨敵であり、仏法流布を妨げるために天魔が仕組んだ謀略、それが専修念仏だ、と言っています。

日本の中世社会では仏教は文化の中心でした。「仏教国家」と評する研究者もいるほど、仏教は国家のなかで枢要な位置を占めていました。こういう世界のなかで、「専修念仏は仏教ではない。仏法の敵だ」と朝廷から断定されたのです。まさに異端です。しかも朝廷の弾圧政策は、鎌倉幕府によっても支持されています。それどころか、文暦二年（一二三五）には幕府が朝廷に弾圧を強化するよう提言していますし、嘉元元年（一三〇三）には幕府が独自に「一向衆」の禁止令を発布しています。中世国家をどのように捉えるべきかは、むずかしい議論がありますが、少なくとも朝廷・幕府とも専修念仏を弾圧している以上、これが国家による弾圧であったことは動かないはずです。もっとも、中世という時代は国家機構が縮小された小さな政府の時代ですので、弾圧とはいっても近代国家の弾圧とは異なり、かなりルーズで大ざっぱなものです。しかしそれでも国家から仏法の敵と断定されたことは、たいへん大きな意味をもちました。

そこで弾圧の中身を見てみましょう。建永の法難では、安楽・住蓮・性願・善綽《ぜんしゃく》という四名の法然門下が死刑になっています。これまでは二名処刑説と四名処刑説とが対立していたのですが、一九七九年に滋賀県玉桂寺《ぎょっけいじ》の阿弥陀仏像から胎内文書が発見されて、四名説で確定しました（伊藤唯真『聖仏教史の研究』上、三二三頁、法藏館、一九九五年）。またこの時に、法然・親鸞・行空ら八名が遠流となっています。それ以外の信者への処分は不明ですが、嘉禄の法難では隆寛・幸西ら三名が遠流、そして五十名近くの信者が逮捕されて京都から追放されています。文暦二年（一二三五）の鎌倉幕府法でも、専修念仏の徒は住宅破却・鎌倉追放と定められています。これらはいずれも当時の刑罰のあり方からすれば、異様なほど厳しい処分です。

そもそも中世では僧侶の犯罪については、罪一等を減じるのが一般的です。これは古代以来のものですが、仏教尊重の風から中世でも存続しました。しかも公家法の世界では、もっとも重い国家反逆罪でも流罪程度でして、死刑は原則的に存在しませんでした。殺人犯に対する処罰も、たいていは財産没収と追放です。たとえば天治二年（一一二五）、高野山の僧侶を殺害した坂上経澄という地元の有力者は所領没収・追放の処分を受けました

図2　法然の廟堂を破却する犬神人（『拾遺古徳伝』、常福寺蔵）

し、正中三年（一三二六）・貞治六年（一三六七）の東大寺や西大寺の例でも、殺人犯は所領没収・住宅破却と追放です。専修念仏の人々は信者と認定されれば住宅破却と追放処分を受けましたが、これは当時の法体系のもとでは、ほぼ殺人犯に匹敵する重科だったのです。

しかも嘉禄の法難では、法然の『選択本願念仏集』が発禁処分を受けて、朝廷によって印刷の版木が押収されています。近世ならともかく、日本の古代中世で禁書処分など聞いたことがありません。おそらくこれが唯一の事例だと思います。仏法の怨敵との認定が、こうした厳しさの原因なのでしょう。つまり政府の取り締まりそのものは大ざっぱなものですが、いったん弾圧に乗り出せば、当時にあっては異様なほどの厳しい処分が行われたのです。

念仏信仰と専修念仏

もう一つ確認しておきたいのは、専修念仏への弾圧は、あくまで専修念仏に対する弾圧であって、念仏への弾圧ではない、という事実です。建永の法難では延暦寺や興福寺が弾圧を強く求めましたが、朝廷は当初それには消極的でした。なぜ弾圧を躊躇したかと言いますと、多くの公家は念仏信仰と専修念仏の違いがよく理解できませんでした。それだけに専修念仏の禁止令を発布すれば、それを念仏禁止令と誤解する人々が多数出るだろう。そうなれば念仏の衰微を招き、自分たちの宗教的罪業になる、このことを公家たちは危惧したわけです。専修念仏は困るが念仏は守りたい、これが朝廷の姿勢でした。

しかしその点について言えば、顕密仏教も同じ考えです。延暦寺が弾圧を求めた史料では、念仏は「万行衆善の根本」であり「諸宗の通規」であって念仏そのものの弾圧を要求しているのではない、と述べています。また貞慶が執筆した興福寺奏状でも、「諸宗はみな念仏を信ず」と語っていて、念仏を禁止するつもりがない、と明言しています。ただし貞慶は次のように続けます。

われわれは念仏そのものを禁止しようとは毛頭思わないし、念仏信仰の衰退は由々しきことだと考える。しかし現状のように、専修念仏の跳梁を放置していたならば、顕密仏教の崩壊は必至だ。専修念仏を弾圧すれば確かに念仏が衰退する危険性があるが、しかし何もしなければ、顕密仏教が衰退し国家そのものが崩壊の危機に瀕する。そのことからすれば、念仏衰微の危険を冒してでも専修念仏の弾圧に踏み切るべきだ。またその方が人々に、真の念仏信仰がどういうものであるのかを、知らしめることになるだろう。

これが貞慶の主張でした。

また明恵は法然を厳しく非難した人物ですが、彼の場合も念仏を否定していません。それどころか、明恵はもともと法然を尊敬していました。専修念仏の悪評はいろいろ耳に入ってくるが、それは周りの弟子が悪いのであって法然自身は立派な人物なんだろう、明恵はそう考えていました。ところが法然の没後に『選択本願念仏集』が印刷出版されましたので、それを読んでみたところ、明恵は衝撃を受けます。これまでは取り巻きの弟子が悪いと考えてきたのですが、すべての悪の根本原因が法然の思想にある、そのことを明恵は発見するわけです。痛憤に駆られた明恵は『摧邪輪《ざいじゃりん》』を著して、いかに法然が誤っているのかを詳細に論じます。しかしここでも明恵は念仏を批判していません。それどころか、「我まったく称名の義を非とせず。善導《ぜんどう》の釈を破《は》せず」とあるように、称名念仏にしても、善導にしても、批判するつもりが全くないと明言しています。そして次のように述べます。

この選択集において、たとい何《いか》なる邪義ありといえども、もし善導らの義に相《あい》順ぜば、なんぞ強《あなが》ちに汝を嘖《せ》めんや。しかるに善導の釈を披閲するに、まったくこの義なし。汝、自らの邪心に任せて善導の正義を黷《けが》す。服薬、反《かえ》って病となるが如し。

（選択集でどんな邪義を説いていても、お前の主張が善導の教えと合致しているなら、お前を非難することはしない。しかし善導の著作を見ても、お前の主張するようなことはどこにも書いていない。お前は邪心によって善導の正しい教えを汚したのだ。）

こう語って明恵は法然を、「悪魔の使い」と断じています。

法然は「偏依《へんね》善導」といって、自分の主張は善導の教えそのものだ、と語りました。しかし明恵は、法然が善導を歪曲したと怒っているのです。そして当時、善導は延暦寺をはじめとする顕密仏教の世界で尊重されていました。法然たちも、またその弾圧を要求する人々も、ともに善導を畏敬の対象としていたのです。

善導（六一三〜六八一）は中国唐代の思想家ですが、彼が確立した教義を一般に本願念仏説と呼んでいます。「念仏は阿弥陀仏の本願であるから、念仏を唱えるだけで誰でも極

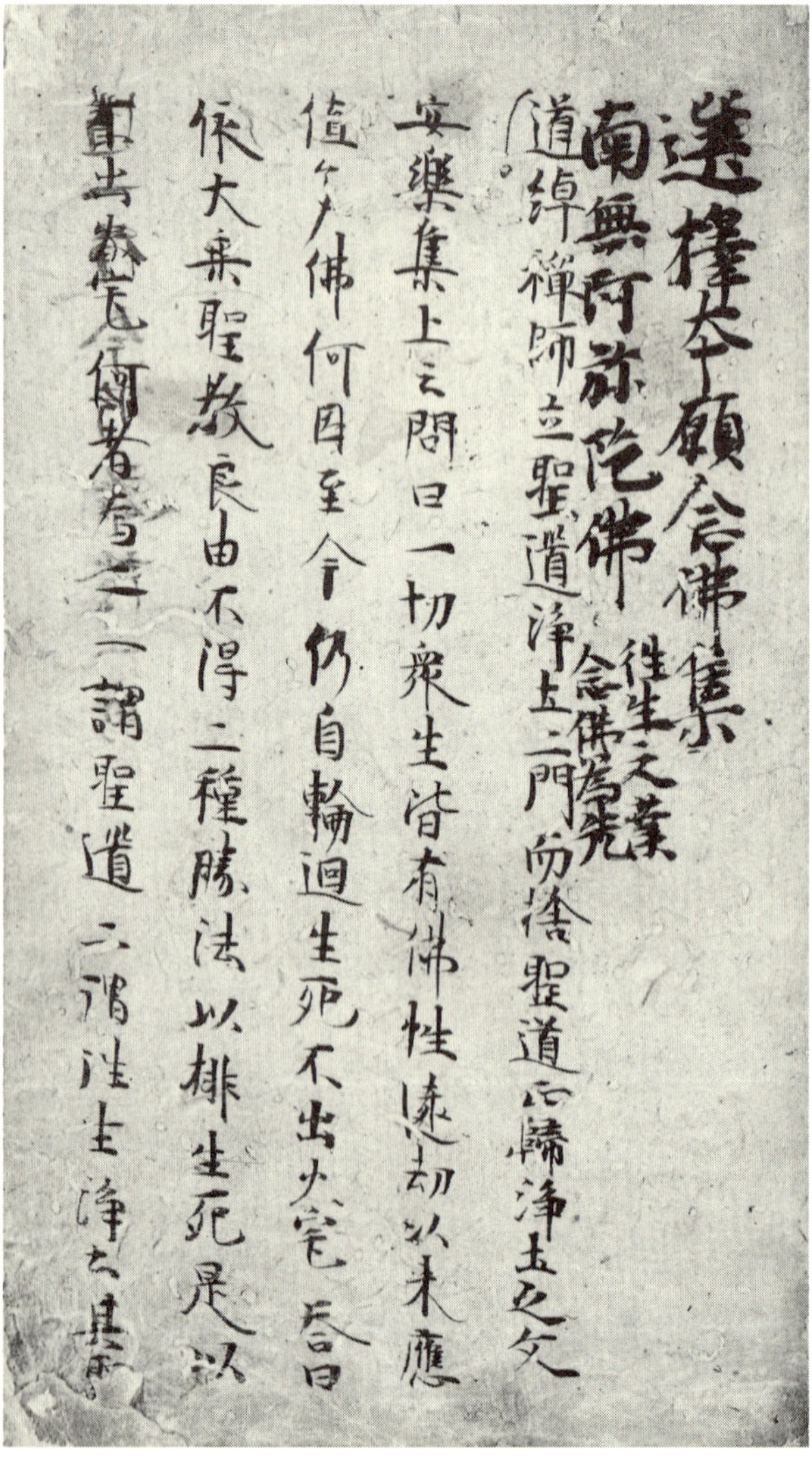

選擇本願念佛集
南無阿彌陀佛 往生之業 念佛為先
道綽禪師立聖道淨土二門而捨聖道正歸淨土之文
安樂集上云問曰一切衆生皆有佛性遠劫以來應
値多佛何因至今仍自輪廻生死不出火宅答曰
依大乘聖教良由不得二種勝法以排生死是以
不出火宅何者為二一謂聖道二謂往生淨土其

図3 『選択本願念仏集』冒頭部分（廬山寺蔵）

楽に往生できる」という考えです。それに対し法然は、その考えを一歩進めて選択本願念仏説を樹立しました。私はその内容を、「念仏は阿弥陀仏が選択した唯一の往生行であるから、念仏以外では往生できない」という主張だと捉えています。法然からすれば、善導の真意をより鮮明にしたということなのでしょうが、客観的にみれば二人の考えには質的な相違があります。その相違点が、明恵には善導の歪曲と映ったのです。つまり当時の顕密仏教は本願念仏説を容認していましたが、選択本願念仏説は仏法破滅の悪魔の教えと捉えたのです。

ちなみに、明恵は『摧邪輪』で面白いことを言っています。『選択集』を「難ずる者あらば、過《とが》を念仏を難ずるに負わす」と。専修念仏の連中は、私の『選択集』批判を、念仏を批判したものと曲解して反論してくるので困る、と明恵はこぼしています。そして実際、『摧邪輪』に反論した当時の著作をみると、その傾向は否定できません。反論しやすいように相手の主張をねじ曲げたうえで反論する、これは論争の時によく使われる汚い手法ですが、専修念仏の人々はそうすることによって、明恵があたかも念仏否定論者であるかのように印象づけました。念仏否定は、中世では仏法否定と同義でしたので、これによって明恵の主張のいかがわしさを浮かび上がらせようとしたのでしょう。こうした経緯のなかで、やがて建永・嘉禄の法難も、念仏を弾圧したものと誤解されるようになったのです。

ただし一言付け加えるなら、法然門下の論争手法は決してきれいなものとは言えませんが、しかし彼らは何も学術論争をしていたのではありません。弾圧回避という政治目的のために、生死を賭けて戦っているのです。権力による迫害を回避する、その目的からすればこの程度の汚さは非難に値しません。

以上、述べてきましたように、朝廷も幕府も念仏を禁止していませんし、顕密仏教もそれを求めてはいません。日本中世の正統派の仏教では、念仏は明らかに仏法として位置づけられていました。専修念仏は仏法の怨敵ですが、念仏は仏法だったのです。中世の思想家で念仏を否定したのは、日蓮とその門弟たちだけです。同じように法然を攻撃していても、顕密仏教の法然批判と、日蓮の法然批判とはまったく質が異なります。そして念仏を仏法と認めないことによって、日蓮は中世の正統仏教の思想的枠組みから逸脱し、やがて彼の思想や論理構造が逆に法然や親鸞に近似してゆくことになったのです。

以上のことを踏まえて、本論に入りたいと思います。聖覚が弾圧を要請した話には信憑性があるのでしょうか。

三　『金綱集』の記事内容（一）

『金綱集』とは

問題となる聖覚の記事は『金綱集』という書物に出てきます。この本は日向《にこう》（一二五一～一三一四）というお坊さんが編纂執筆した著作です。日蓮には六人の有力な弟子がいて、それを六老僧というのですが、日向はそのなかの一人です。そして彼は、日蓮の跡を継いで身延山《みのぶさん》二世となっています。日蓮門下のなかでも、相当重要な人物だったことが判ります。

さて『金綱集』は諸宗の教義内容を紹介するとともに、日蓮宗の立場からその批判点を記した著作です。原本は残っていませんが、嘉暦二年（一三二七）の写本が身延文庫に収蔵されています。全部で十四巻あるのですが、問題の記事は巻五「浄土宗見聞　下」の末尾に登場します。「念仏者所追の事」と題して、専修念仏の弾圧に関する史料十五点を収録していて、そのなかに問題の記事が出てくるのです。

なぜ、こうした史料が日向に伝わったのかについて補足しますと、日蓮は法然を激しく弾劾したこともあって、専修念仏の弾圧史料を積極的に収集しています。法然への攻撃に利用しようと考えたのでしょう。そのおかげで私たちは、弾圧の経緯をかなり詳細に知ることができるのです。彼の史料収集がなければ弾圧研究が成り立たないほど、日蓮の史料収集は大きな意味をもっています。そして日向は、日蓮からそうした史料を受け継いだのでしょう。

そこで『金綱集』の十五点の史料を、順に紹介してゆきたいと思います。それは同時に、嘉禄の法難がどのような弾圧であったのか、その具体相をお話しすることでもあります。

弾圧の経過

最初の史料は、ⓐ定照が『弾選択』に記した付記です。『金綱集』だけに伝わった独自史料です。

元仁二年(一二二五)正月に私が『弾選択』を執筆し、その夏にある人がこれを京都に持ち込んだ。そこで隆寛は『顕選択』を著して『選択集』を擁護し、嘉禄三年(一二二七)閏三月に岡本迎蓮《ぎょうれん》がそれを東国に披露した。無知な人々は皆それを支持したので、私は是非を決すべく、四月に二冊の本を延暦寺に送付した。すると延暦寺の碩徳《せきとく》たちは驚愕して、「邪見の教え」を禁止すべく、六月十七日に延暦寺三塔の集会《しゅうえ》を開いて朝廷に奏聞した。

これを執筆した定照は宝地坊《ほうち》証真《しょうしん》という延暦寺の学僧の弟子で、上野国の出身で「並榎《なみえ》の竪者《りっしゃ》」と呼ばれています。残念ながら『弾選択』も、また隆寛の『顕選択』も残っていませんが、この史料のおかげで付記だけが伝わりました。「岡本迎蓮」という人物が隆寛の本を東国に持ち込んでいますが、彼が隆寛の弟子であったことは他の史料で裏づけがとれます。六月十七日の集会や専修念仏停止《ちょうじ》の奏聞は、他の史料では確認できません。しかし藤原定家の『明月記《めいげつき》』や『民経記《みんけいき》』など同時代の日記史料によれば、六月二十一日に延暦寺が法然の墓所を襲撃しています。大谷にあった墓堂を破壊し、法然の墓をあばこうとしました。それを六波羅の武士が制止しようとして山門僧と乱闘となり、延暦寺はこの武士の行動を非難して朝廷に処分を要請しています。時間的な流れに無理はないでしょう。

次の史料は、ⓑ六月二十九日付の後堀河天皇の綸旨で、天台座主に宛てたものです。ⓐに見える「奏聞」への回答です。

専修念仏はこれまでも禁止してきたが、役人の怠慢のため取り締まりが十分でなかったようだ。厳格に禁圧するので、「衆徒の蜂起」はあなた（天台座主）の方から制止してほしい。なお実名不詳の武士の件については、すぐに幕府と協議をする。

他の史料にも同じ綸旨が伝わっていますので、信憑性が高いでしょう。専修念仏は朝廷が禁圧するので、山門衆徒の勝手な行動は座主が制止してほしい、と述べています。六月二十一日の法然廟襲撃を念頭に置いた発言でしょう。最後に記している武士の件とは、仲裁に入って延暦寺僧を負傷させてしまった武士の処分問題です。彼の処分について幕府と協議する、と座主に通知しています。

次は、ⓒ七月四日付の後堀河天皇綸旨で、再度、天台座主に宛てたものです。

専修念仏の鎮圧をしようとしているのに、延暦寺は末寺に役人を派遣して専修念仏の住坊を破却しているとのことだ。このような勝手な行動は強く制止してほしい。

『金綱集』の独自史料ですので、少し丹念に検討しましょう。まず、この綸旨は「右中弁《うちゆうべん》頼隆《よりたか》」という人物が、天皇の意向を受けて発給したものです。彼が綸旨の発給に関与したのは蔵人《くろうど》だったからですが、調べてみますと、藤原頼隆が蔵人だったのは嘉禄二年十二月十六日から翌年十月四日まで、右中弁だったのは嘉禄二年十二月二十二日から翌年十月四日まで、ということが判ります。いずれも在任は一年足らずですが、ちょうどその期間内の嘉禄三年七月四日に右中弁の肩書き、蔵人という職掌でこの文書を発給しているのですから、信憑性は高いでしょう。

内容を見ますと、延暦寺が専修念仏の住坊を破却していることを、朝廷が問題にしています。『法然上人伝』によれば、延暦寺は六月三十日に末寺である祇園感神院（今の八坂神社）に対して、①隆寛・幸西・空阿弥陀仏ら張本《ちようほん》を逮捕せよ、②専修念仏の信者を捜索・逮捕してその住宅を破却し洛外に追放せよ、と命じています。また『明月記』七月四日条によれば、「近日、路上で見かけた念仏者を山門法師が襲撃している。また彼らを保護している貴族たちにその追放を要求している」と記されています。これらの関連史料からして、史料ⓒに不審な点はありません。

隆寛らの配流

次は、ⓓ七月五日付けの後堀河天皇綸旨で、天台座主に宛てたものです。

専修念仏は諸宗衰微の基であるため、代々禁止してきた。近年、再び盛んとなってきているので、仏法守護のため重ねて禁止する。その中心たる隆寛・幸西・空阿弥陀仏については、遠流に処すとの正式命令が近く出るだろう。また余党についても捜索を行い帝土追放の処分に付す。武士の問題についても、奏聞どおり幕府に通告した。したがって大衆蜂起を止めるよう、座主の方から早急に命じてほしい。

他史料にも伝わっている綸旨です。関連史料によれば同じ七月五日に、張本三名を還俗させたうえ、隆寛を陸奥に、空阿弥陀仏を薩摩に、幸西を壱岐に配流する官符《かんぷ》（朝廷の正式命令）の発給手続きがとられています。このうち幸西は一念義《いちねんぎ》の中心人物でして、法然門下のなかでも急進派に属しています。空阿弥陀仏の思想的立場はよく判りませんが、四天王寺を中心に活動を行っており、かなり人気のあった僧侶のようです。隆寛・幸西については思想が問題になり、空阿弥陀仏は人気があったため、目をつけられたのでしょう。法然の有力門弟でも保守派に属する信空や源智らは、いずれの弾圧も免れています。

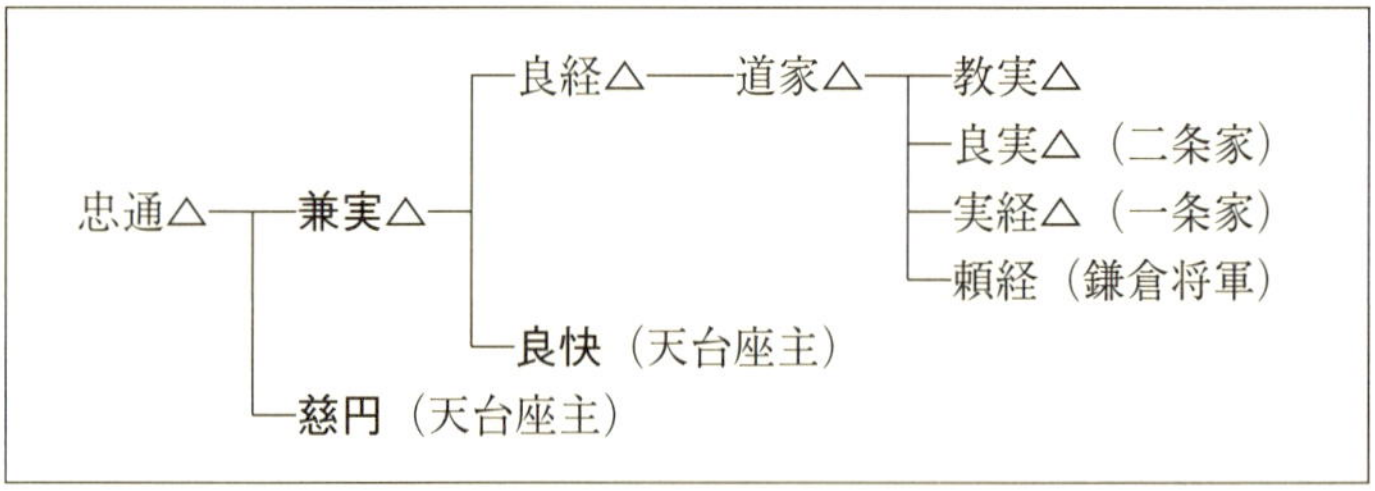

図4　九条家の関係系図（△摂政関白）

『明月記』七月六日条によれば、隆寛ら三名以外に証空も流罪リストに入っていたが、良快《りょうかい》の弁護によって流罪を免れた、とあります。証空（一一七七〜一二四七）は浄土宗西山派の祖でして、法然の有力な弟子です。思想的にも親鸞に匹敵する、たいへん重要な人物です。彼は建永の法難でも流罪リストに名前が挙がりましたが、慈円がかばったため、幸西ともども流罪を免れました。九条兼実《かねざね》は法然を保護したことで有名で、『選択集』も兼実に捧げられたものですが、この慈円は兼実の弟、良快は兼実の息子です。二人とも摂関家の権勢を背景にして青《しょう》蓮院《れんいん》門主となり、天台座主を歴任した延暦寺の有力者です。慈円・良快による保護は兼実の意向、もしくはその遺志を承けたものだったのでしょう。

次は、ⓔ七月十三日付けの後堀河天皇の綸旨で、天台座主宛てです。「専修念仏禁止令を五畿七道に通達したので、承知しておいてほしい」との内容です。同じものが他史料にも伝わっています。こうして隆寛らの流罪が決するとともに、全国に専修念仏の禁止令が布達されました。ただし、彼らの逮捕はなかなかできなかったようです。『明月記』七月二十八日条では、「隆寛らを逮捕できないため、山門僧が怒っている」と記していますし、八月一日には、延暦寺の衆徒三百人ほどが日吉社で、「宣陽門院《せんようもんいん》が念仏者を保護しているのはけしからん」と気勢をあげています。宣陽門院は後白河院の娘で、膨大な天皇家領を相続した有力者です。張本を逮捕できないいらだちが、女院への不満となって噴き出しています。

とはいえ、専修念仏の弾圧は着実に進展しました。七月二十八日には、祇園社が領内の専修念仏者の住宅を破却しています。祇園から清水寺近辺には、かなり多くの信者たちが住んでいたようです。八月二十七日には、専修念仏の余党四十六名の名前を挙げて、彼らを逮捕するよう、検非違使の別当宣《べっとうせん》が出ています。今でいえば警察庁長官の命令です。

次は、ⓕ九月二十六日に関白近衛家実《いえざね》が六波羅探題に宛てた御教書《みきょうじょ》*と、ⓖ嘉禄三年十月十五日付けの関東御教書です。いずれも同じものが他史料で確認できます。ⓣの内容は次のとおりです。

延暦寺の要求により、隆寛の配流先を陸奥から対馬に変更する。また隆寛が東国にいるとの情報があるので、彼を逮捕して対馬に送るよう、六波羅から幕府に申し入れてほしい。

これに対し史料ⓖで、幕府は六波羅探題を介して、次のように返事しています。

隆寛についての依頼状を受領した。隆寛は七月頃に鎌倉にやってきたようだ。「京都の制符」に従って念仏者を追放したところ、奥州に流浪していったらしい。早急に捜索して対馬に送付したいと、朝廷に申し上げよ。

この史料から、幕府が朝廷の「制符」に従って、専修念仏を鎌倉から追放していたことが判ります。しかし結局、隆寛は逮捕されませんでした。彼は信者であった毛利季光《すえみつ》の手で相模に保護されていました。この毛利季光は、幕府の有力御家人であった大江広元の息子でして、後の戦国大名・毛利氏の祖先に当たります。そして隆寛は彼にかくまわれたまま、この年の十二月に亡くなります。八十歳の高齢でした。

＊御教書は、三位以上の主人の仰せを受けて侍臣が発給した文書をいう。関白家御教書は関白近衛家実の意向を受けて、その家司（けいし）が発した文書をいい、関東御教書は、鎌倉幕府の執権・連署が将軍の命という体裁をとって発給した文書をいう。

四 『金綱集』の記事内容（二）

問題はここからです。まず、ⓗ十月十五日付けの永尊竪者《りっしゃ》の書状を見てみましょう。定照に宛てたものです。

お送りいただいた『弾選択』等を比叡山に披露したところ、みんな『弾選択』を賞賛し『顕選択』を非難した。法然の墓所は祇園感神院の犬神人《つるめそ》に命じて破却させた。その後、奏聞して専修念仏禁止の裁許を得ることができた。七月上旬には興福寺に申し入れて、祇園や清水寺あたりの専修念仏の住坊をすべて破却した。また検非違使も逮捕に乗り出したので、京都の専修念仏はほぼ鎮圧できた。ただし張本の三名は流罪と決まったが、まだ逮捕できておらず、今なお延暦寺が訴えている。あなたがこの発端をつくられたのは、たいへんな功績である。『弾選択』は明恵の『摧邪輪』よりも勝るとの評判だ。十月十一日に延暦寺で僧侶の集会《しゅうえ》が開かれ、謗法《ほうぼう》の書である『選択集』は印板も含めすべて押収して、延暦寺大講堂で焼却したい、と奏聞した。おそらく許可されるだろう。

ほぼ同じものが他史料にも収められています。筆者の永尊は宝地坊証真の弟子でして、東国にいる同門の定照に経過報告をしています。六月二十一日の法然墓所の襲撃は、延暦寺が「犬神人」に命じて行わせたものであることが判ります。犬神人は京都の被差別民で、延暦寺―祇園社のもとに編成されていました。この時に法然の墓をあばこうとしているので、そのためもあって動員されたのでしょう。犬神人の初見史料でもありますが、それにしても被差別民たちが専修弾圧の先兵となった事実は、私たちに対し重く深刻な問いを突きつけているはずです。

このほか、十月十一日の集会で『選択集』とその印板焼却を決し、朝廷に奏聞した、という情報が注意を引きます。『皇帝紀抄』に、延暦寺の僧侶たちが十月十五日に群参して「専修念仏宗の停廃のことを訴え申す」とありますので、これがその「奏聞」に当たるのでしょう。

次の史料は、ⓘ十月二十日付けの関白近衛家実の御教書です。六波羅探題に宛てたものです。

　幸西が讃岐にいるとの情報がある。延暦寺は六波羅探題がきちんと調査するよう求めているので、よろしく頼む。

また、ⓙ十月二十日付けの関白近衛家実の御教書は、幕府の北条泰時に宛てたものです。

　専修念仏禁止を五畿七道に命じたが、諸国でなお活動しているらしい。そこで延暦寺は、幕府が守護・地頭らに鎮圧命令を出してくれるよう、求めてきた。よろしく頼む。

いずれも他史料にも収録されています。延暦寺の要請に応えて、関白が幕府と六波羅に弾圧への協力を依頼したものです。関白近衛家実は当時の天台座主円基の兄に当たります。

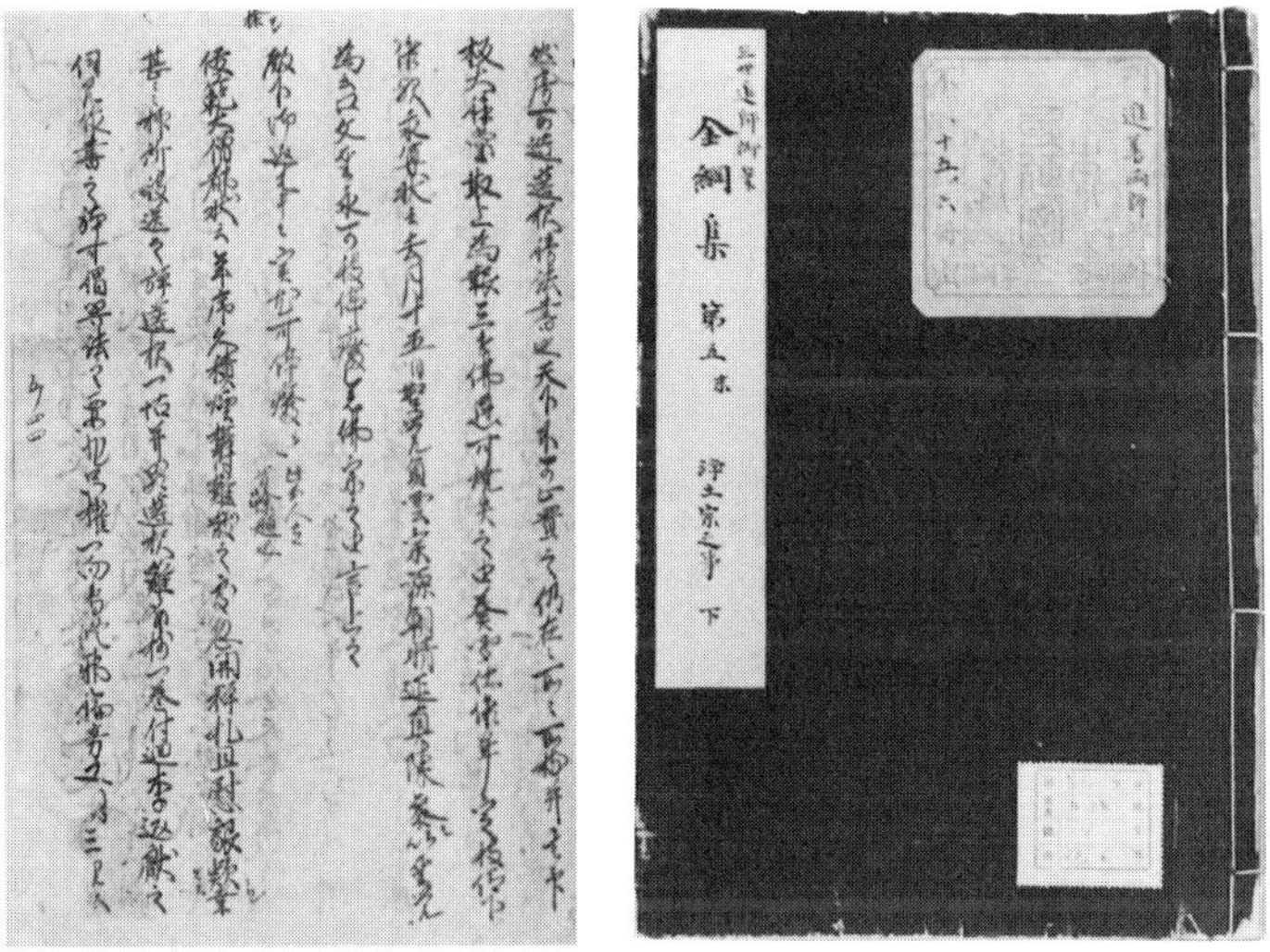

図5　『金綱集』表紙〔右〕と本文〔左〕（身延山宝物館蔵）

聖覚らの陣参

次は、ⓚ十一月付けの永尊書状です。定照に宛てた手紙ですが、『金綱集』だけに見える独自史料です。

　十月十五日に聖覚・貞雲・宗源・朝晴・延真の五名の探題《たんだい》が陣参《じんさん》し、聖覚を代表にして専修念仏の禁止を要請した。関白は、「実《まこと》に心も停廃すべし」と返事をしてくれた。

これが一番問題となる記事です。『皇帝紀抄』にも、十月十五日に延暦寺僧が群参して専修停止を訴えたとありますので、話が一致します。また史料ⓚは聖覚ら五名が探題だったと記していますが、彼ら全員が探題もしくはその経験者であったことは、他の史料で確認することができます。

探題というのは、天台教学の責任者ともいうべき役職でして、現在の延暦寺では座主に次ぐナンバー2の地位にあります。天台宗では竪義《りゅうぎ》といって、一種の口頭試問を行いました。これに合格すると、竪者《りっしゃ》、つまり一人前の僧侶になることができました。そして探題は、この試験で問題を出し、その質疑応答から合否判定を行う役職です。「当山無双の重職、学道第一の英名」とか、「法宇の棟梁《とうりょう》、禅門の枢鍵《すうけん》なり」と言われており、学僧なら誰もが目指す天台宗の指導的地位が探題でした。専修念仏の弾圧が思想に関わる弾圧である以上、教義に精通した探題たちが朝廷への要請の中心となったのは当然のことでしょう。この史料については、後でもう一度触れます。

次は、ⓛ十一月二日付けの宗源大僧都の書状です。定照に宛てたもので、『金綱集』の独自史料です。


専修念仏の鎮圧は厳しく行われ、京都からほぼ追却することができた。この間の経過を示す綸旨などをお送りする。十月十五日に聖覚法印をはじめ門徒僧綱が陣参して要請した。一つひとつに勅答がなされるだろう。


この宗源も宝地坊証真の弟子です。ここでも十月十五日の聖覚らの陣参に触れています。

次は、ⓜ十二月十五日付けの俊範大僧都の書状です。定照に宛てたものですが、これも

『金綱集』の独自史料です。

送っていただいた『弾選択』等をお返しする。これはすばらしい著書だ。これらを三塔に披露したところ、学侶たちが奏聞を行い、朝廷が禁止令を発して邪宗を鎮圧することができた。あなたの功績は非常に大きい。『選択集』の印板が朝廷から延暦寺に送られてきた。今後、これを流布させる者は、違勅の咎《とが》と謗法《ほうぼう》の罪を免れないだろう。

『選択集』の印板が朝廷から送付されてきた、という情報が注目されます。史料ⓗで、『選択集』とその印板焼却を延暦寺が要請しましたが、朝廷がそれに応えたのです。次は、ⓝ隆真法橋が『弾選択』に付した解題です。これも独自史料です。

『弾選択』はたいへん優れた書物だ。そもそも称名念仏を弥陀選択の妙行とし、余行を弥陀選捨の劣行としたのは、法然の妄言である。彼は経典の文言を曲解し、たった一行の経文に固執して、すべての経典を否定しようとしている。一向専修というが、むしろ一行《いちぎょう》専修というべきだ。天下の人々はこの妄説に惑わされないよう、法然が主張しているようなことが経典に書かれてあるか、自ら自身の手で確認されたい。悪魔が法然に乗りうつって仏法を誹謗しているのだから、君子たちは国家を守るためにも顕密仏教を保護することが必要だ。

この隆真もまた証真の弟子です。藤原定家によれば、「論義の明敏抜群」な当代きっての

「碩学《せきがく》」とのことです。文章を簡略に要約しましたが、これだけでも論客としての面目躍如たるものがあるでしょう。ただし惜しいことに隆真は、この二年後に早逝しました。

最後は、ⓞ定照が記した短い解説です。「これは西園寺公経《きんつね》に『弾選択』を進覧した際に、隆真がその本の奥に書いたものだ」と記しています。史料ⓝの解説でしょう。西園寺公経はこの時期の政界の中心人物です。後鳥羽院の承久の乱に反対して殺されそうになった人物で、乱後は幕府の信頼を得て摂関家をしのぐ権勢を振るいました。大正・昭和にかけて、西園寺公望が最後の元老として活躍しましたが、公経は彼の祖先に当たります。西園寺家の発展は、この公経から始まります。

五　『金綱集』の内容的検討

『金綱集』の信憑性

以上、『金綱集』の十五点の史料について解説してきましたが、まず第一に、事実経過に無理がありません。『金綱集』の独自史料はⓐⓒⓚⓛⓜⓝⓞの七点、他史料にも収載されているのがⓑⓓⓔⓕⓖⓗⓘⓙの八点ですが、いずれの記事も『明月記』『民経記』などの同時代史料や、関係史料で裏づけ可能なものが非常に多い。これといって不審な点もありません。

第二に、ここに挙げた十五点の史料はすべて定照のもとに集まっています。十五点のうち、史料ⓐⓞは定照が執筆したもの、史料ⓝは彼が参照したもの、史料ⓗⓚⓛⓜは定照に宛てた手紙です。また十一月二日付けの史料ⓛによれば、宗源が史料ⓑⓒⓓⓔⓕⓖⓘⓙを定照に送付したと推測できるので、十五点すべてが定照のもとにあったことになります。おそらく定照は事件が一段落した後で、これら一連の史料を『弾選択』に付載したのでしょう。嘉禄の法難についての史料が他にも存在するにもかかわらず、この十五点だけがひとかたまりとなって伝来したのは、ここに原因があります。

第三に、ここに登場する人物はすべて当時の官位と合致します。中世では俗人はもとより、顕密仏教の僧侶たちも僧正・僧都・律師、法印・法眼・法橋などの官位をもっていて、次第に昇進しています。たとえば「永尊竪者」「宗源大僧都」「俊範大僧都」はいずれも最終的に法印の位にまで昇った僧侶たちですが、『金綱集』では嘉禄三年段階の彼らの官位を正確に記しています。後に文書を偽造しようとしても、当時の官位を正確に記すというのはきわめて困難なことです。

第四に、ここに登場する僧侶たちは、いずれも登場する必然性があります。僧侶たちは三つのグループに分けることができます。五名の探題と、宝地坊証真の弟子グループ、そして俊範です。十月十五日に陣参した五名の探題については先に説明しましたので、証真の弟子グループについて見てみましょう。事件の発端をつくった定照、そして彼に情報を伝達した永尊、『弾選択』に解題を付した隆真、そして定照に綸旨などを送った宗源、彼らはいずれも宝地坊証真の弟子でした。嘉禄の法難で、証真の弟子たちが主導的な役割を果たしたことが判ります。これはたいへん重要なことです。

宝地坊証真がどういう人物かと言いますと、『天台三大部私記』という膨大な注釈書を著した僧侶です。さほど地位は高くないものの、中世延暦寺が生んだ最大の天台学僧と言ってよいでしょう。大蔵経を十六回も読み、研究に熱中するあまり、源平内乱にも気づかなかった、との伝説まで残っています。法然とほぼ同世代の人物ですが、法然がどちらかといえば、自らの思想的確信に基づいて経典を読みかえ読み破っていったのに対し、証真は一つひとつの文言について文献学的実証を厳格に行った学僧です。法然が独創的な思想家であったとすれば、証真は厳しい実証を重んじた大学者だったのです。経典というものに対する姿勢が百八十度異なっています。とすれば、こうした証真の学風を受け継いだ弟子たちが、専修念仏批判の先頭に立つのは当然のことではないでしょうか。しかも嫡弟《ちゃくてい》として証真の跡を継いだ宗源は、若いころ法然に直接浄土立宗を難詰した経歴があり、昔から法然に批判的な人物でした。宗源など証真門下が弾圧の中心となったというのは、まさに立ち上がるべき人々が立ち上がった、との感がします。

最後に俊範が残りましたが、彼は延暦寺の範源という学僧の真弟《しんてい》です。真弟というのは、弟子になった実子のことです。隆寛も範源に師事していますので、隆寛と俊範は同門ということになります。この俊範は慈円の側近でしたが、寺内紛争で武力攻撃をしかけて朝廷から譴責処分を受けるなど悪僧的な活動も行っていますし、学僧としても力量のあった人物です。平安・鎌倉時代の悪僧が面白いのは、この俊範のように、学僧としても卓越した悪僧がたくさんいたことです。室町時代になると、こういうタイプの悪僧が消えてゆきます。

正元二年（一二六〇）後嵯峨院の御所に残された落書《らくしょ》では、「学生《がくしょう》ニ宗源・俊範アリ」と記しています。「学生」は学匠と同義です。事件から三十年あまり後の話ではありますが、証真の跡を継いだ宗源と、そして俊範とが延暦寺を代表する大学者だ、と言っているのです。東国にいた定照は自分の著書を証真グループと俊範に送付したようですが、俊範は確かに『弾選択』を送るにふさわしい人物だったのです。このように、ここに登場する僧侶たちは、いずれも専修念仏批判に立ち上がる必然性のある人物ばかりです。

しかも驚いたことに、この俊範という学僧は日蓮の延暦寺時代の師匠でした。日蓮は若いころ俊範のもとで学んでいたのです。とすればこの一連の史料は、定照・俊範を介して

図６　説法をする聖覚（『法然上人絵伝』、知恩院蔵）

日蓮・日向に伝わったことになります。今や十五点の史料の伝来関係まで明らかとなりました。『金綱集』所載のこれらの史料の信憑性は、もはや疑いえないと言ってよいでしょう。聖覚の弾圧要請を否定するのは、もはや不可能です。

聖覚の要請内容の復元

では、聖覚らは十月十五日に何を要請したのでしょうか。史料ⓚには「永く念仏宗停廃すべきの由」を言上したとあり、『皇帝紀抄』も「専修念仏宗の停廃のことを訴え申す」と記していますが、具体的な要請内容は記していません。しかしすでに三カ月も前の七月中旬に、専修念仏禁止の太政官符が全国に布達されている以上、聖覚らはそれ以上の何か新たな要求を行ったはずです。それは何でしょうか。十月十五日以降の朝廷の動きをみれば、その要請内容が復元できるはずです。

まず、十月十五日に聖覚らの応対をした関白近衛家実が、十月二十日にⓘⓙという二通の御教書を発給しています。そして二通とも、その依頼が延暦寺の要請に基づくものだ、と記載されています。聖覚らの要請に応えたものであることは間違いないでしょう。まず史料ⓘでは、讃岐に逃亡しているらしい幸西の捜索と逮捕を六波羅探題に要請しています。これが史料ⓙでは、守護・地頭を通じた専修念仏の取り締まりを幕府に要請しています。これが聖覚らの要求内容だったのです。

これまで専修念仏の鎮圧は、朝廷―国司という王朝国家機構を通じて行ってきました。これによって京都での鎮圧は大きな成果をあげましたが、しかし地方での禁圧は十分ではありませんでしたし、何よりも張本三名の逮捕が実現していません。そこで聖覚らは、新たに守護・地頭という幕府の支配機構を通じての禁圧を求め、取り締まり体制を強化するよう、朝廷に要請したのです。朝廷はそれに応えて、ⓘⓙを発給しました。これに対する幕府や六波羅の返事は伝わってはいませんが、これまでの経緯からみて、その依頼に応えたはずです。北条泰時は、幕府機構を動員した弾圧体制をとったのでしょう。鎌倉幕府が専修念仏の禁圧に本格的に乗り出したのは、この時からです。そして八年後には逆に、専修念仏の取り締まり強化を幕府が朝廷に申し入れています。聖覚らの要請は、幕府が専修弾圧に積極的に関与する歴史的発端となったのです。

もう一つ重要なことがあります。『選択集』とその印板焼却の件です。十月十五日付けの史料ⓗによれば、十月十一日の延暦寺の集会で、『選択集』およびその印板の焼却を決し朝廷に奏聞した、とあります。つまり『選択集』の禁書の奏聞は、十月十一日から十五日の間に行われたことになります。そして十二月十五日にはすでに朝廷から『選択集』の印板が延暦寺に送られてきています（ⓜ）。とすれば、十月十五日の聖覚らの陣参で、この問題が要求項目に入っていた可能性がきわめて高い。……これは本当に深刻な話です。『選択本願念仏集』は建暦二年（一二一二）に、法然の信者である平基親が開板して刊行されました。今回、問題になった本も版木もこの時のものです。そして、この建暦開板本は現在一冊も伝来していません。『選択集』が押収され焼却された、その結果なのかもしれません。

つまり、聖覚はただ単に専修念仏の弾圧を要請したのではありません。彼は幕府の支配機構による積極的関与を求めるとともに、『選択集』とその印板の焼却処分にまで関わったのです。『唯信鈔』を書いたあの聖覚が、『選択集』の焚書を要求している。このことに気づいた時、私は全身に鳥肌が立ちました。

六　聖覚像の再検討

天台学僧としての聖覚

『唯信鈔』は『選択集』の卓越した要約と評されています。ところが、それを執筆した人物が、専修念仏の弾圧はもとより『選択集』の焚書まで求めているのです。この事実を私たちは、どのように理解すればよいのでしょうか。いずれにしても、私たちが聖覚という人物を根本的に誤認していたのは間違いありません。そこで、聖覚がどういう人物であったのか、もう一度、徹底的に洗い直す必要があります。

図7にありますように、聖覚（一一六七〜一二三五）は藤原信西の孫で、唱導の名人といわれた安居院《あぐい》澄憲の息子です。聖覚の叔父には興福寺別当となった覚憲、東大寺別当・醍醐寺座主をつとめた勝賢がいましたし、従兄弟には興福寺奏状を執筆して専修念仏の弾圧を要請した貞慶がいます。また聖覚の子孫は鎌倉末にいたるまで、延暦寺の学僧として活躍しています。親鸞より六歳年長で、嘉禄の法難では六十一歳でした。

さて、聖覚が法然と交流をもっていたのは事実だと思います。似絵《にせえ》で有名な藤原隆信《たかのぶ》が法然への報恩仏事を行ったとき、導師となった聖覚は法然を「わが大師聖人」と呼んでい

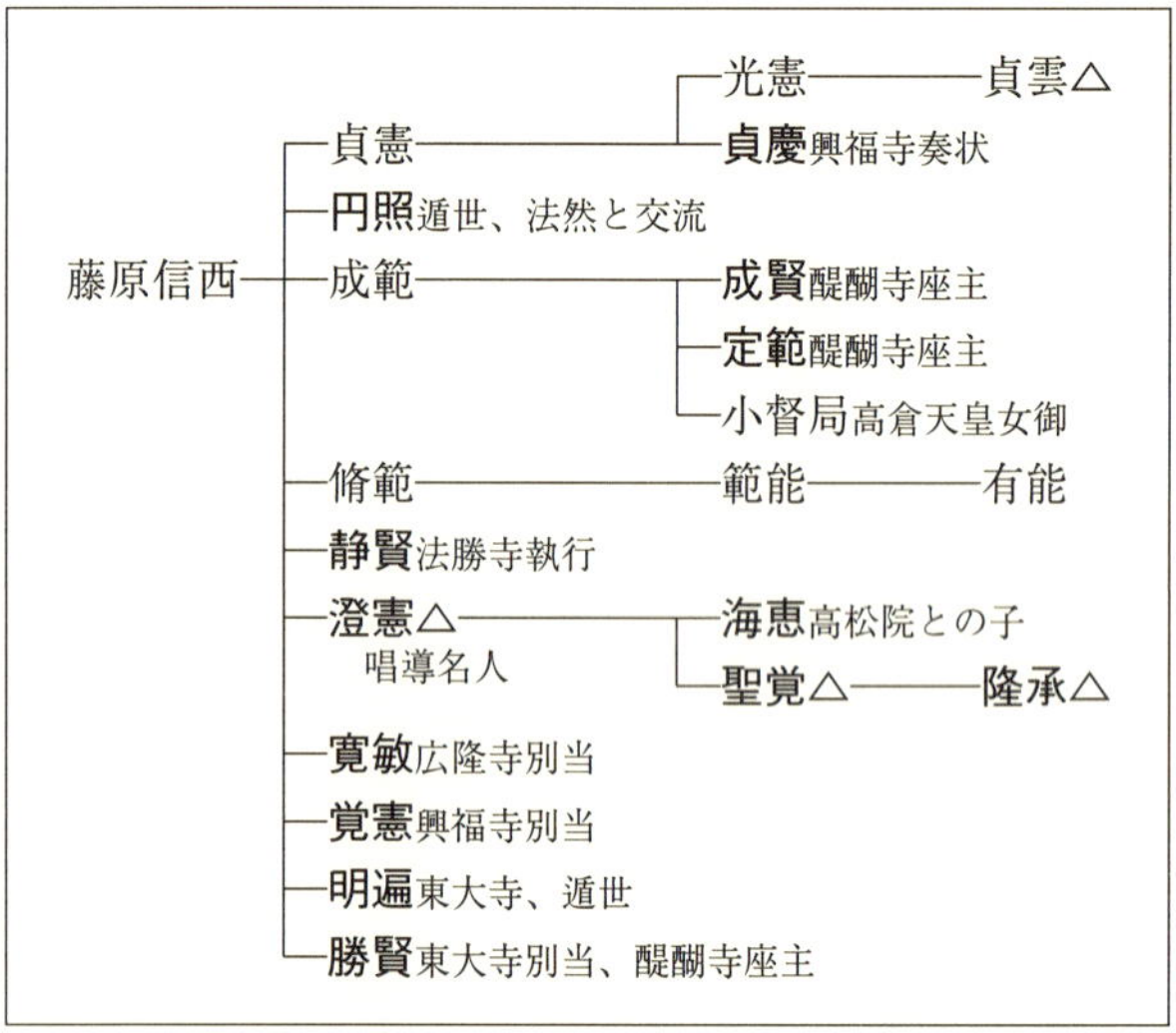

図7　聖覚一族の系図（太字は僧侶、△は延暦寺僧）

ます。また法然の瘧病《おこり》（マラリア）を治すため、九条兼実が聖覚に依頼して善導画像の供養を行ったところ、説法が終わった時には法然と聖覚の病いがともに治っていた、という話も伝わっています。このあたりは、事実とみてよいでしょう。

また史料批判がむずかしいのですが、登山状という史料の信憑性を認めるならば、聖覚が建永の法難の回避のために尽力したことになります。これ以外にも、法然伝などにはいくつかの話が登場しますが、その当時の官位と合致しないなど、慎重な扱いが必要なものばかりです。専修念仏との交流はほぼ法然存命中に限られており、建永の法難まで、と考えた方がよいでしょう。

　一方、延暦寺の学僧としての活動を見てゆきますと、膨大な事績が残っています。まず彼は、澄憲の後継者だったこともあって、説法に卓越していました。「説法優美」「万人落涙」といった記事がたくさん出てきます。また、天台学僧としても非常に著名な人物です。先に私は聖覚が探題に就いており、天台教学の指導的地位にあったと述べましたが、彼の位置はその程度のものでは済みません。事件当時、聖覚は延暦寺における天台教学の第一人者でした。

　そのことを示すために、表を二つ掲げました。延暦寺の僧が法勝寺八講・最勝講の證《しょう》義《ぎ》を勤めた年を記したものです。朝廷は、様々な法会で諸宗の僧侶を招いて論義を行わせました。こうした国家的法会のなかで最も格式の高かったのが、法勝寺八講・最勝講・仙洞最勝講の三講《さんこう》といわれるものです。そして、三講での最高責任者が證義なのです。法会のたびに、延暦寺・興福寺・園城寺・東大寺の僧侶のなかから、一、二名が選ばれています。ですから三講の證義を調べれば、各寺院の顕教での最高指導者が誰なのかが判明するのです。見てみましょう。

　表1の法勝寺八講では、澄憲と聖覚の回数が群を抜いています。この表の人物のうち、澄憲は聖覚の父親、静厳《じょうごん》は聖覚の師、そして貞雲は聖覚の弟子です。延暦寺における聖覚一門の重要性が判るでしょう。前節で触れた宗源や俊範が登場するのにも注意してくだ

澄　憲	1183，1185，1186，1191，1193
静　厳	1203
聖　覚	1218，1224，1226，1228
明　禅	1218
円　能	1219
貞　雲	1237，1239
宗　源	1238，1242
俊　範	1240
公　豪	1249

表１　法勝寺八講證義（延暦寺関係）

澄　憲	1186，1188，1194
顕　真	1190，1192
静　厳	1204
良　快	1218，1219，1230，1232
聖　覚	1220，1226，1229
宗　源	？，1249

表２　最勝講證義（延暦寺関係）

さい。表2の最勝講では、九条兼実の息子の良快が四度も勤めていますが、ここでも澄憲・聖覚・静厳らが数多く出仕しています。そして両方を併せてみると、一二二〇年代に延暦寺で三講の證義を勤めたのは聖覚だけだ、ということが判ります。嘉禄の法難は一二二七年ですから、事件当時、天台宗に関しては聖覚が第一人者だったのです。問題の十月十五日の陣参の際に、五名の探題のなかで、聖覚が彼らを代表して関白に弾圧を要請していますが、これもそのためです。彼が第一人者だったからです。そして聖覚の名声は東国にまで届いており、事件の直前には鎌倉に招待されています。

また宝治元年（一二四七）に聖覚の没後十三回忌の法要が営まれましたが、そこに出仕したのは宗性（東大寺）、親縁（興福寺）、智円（延暦寺）、長俊（園城寺）、円成（園城寺）

であり、彼らはいずれも探題・證義を歴任したそれぞれの寺院の代表的学僧ばかりです。つまり聖覚は、諸宗の代表的学匠によって追悼されるにふさわしい人物と考えられていた、ということです。聖覚は延暦寺の天台教学の第一人者であり、かつ顕密仏教の代表的学僧であると、顕密諸宗の人々からも認められていたのです。

政治的な方面では、聖覚は青蓮院門跡に属し、門跡執事を勤めるなど慈円の側近として活動しました。また桜下《さくらもと》門跡領など数多くの末寺や荘園を領有しており、問題の事件から一年半後の寛喜元年（一二二九）には、延暦寺の修造料国だった但馬国の国司に就任しています。

さらに重要なことは、聖覚は後鳥羽院の側近であり寵児でした。後鳥羽院が主催した仏事の導師を十四回も勤めていますし、延暦寺が強訴を行ったときは、後鳥羽院の意を受けて衆徒をなだめたりしています。また、貞応二年（一二二三）の公的仏事では、隠岐に流罪となった後鳥羽院をしのぶ言葉をあからさまに口にして、人々を驚かせています。後鳥羽院は建永の法難で法然・親鸞らを弾圧した人物ですが、聖覚は一貫してその側近だったのです。

浄土宗や浄土真宗の史料からはうかがえない、聖覚の姿がしだいに浮き彫りとなってきました。弾圧に加担しかねない彼の実像が見えてきました。しかし他方では『唯信鈔』と

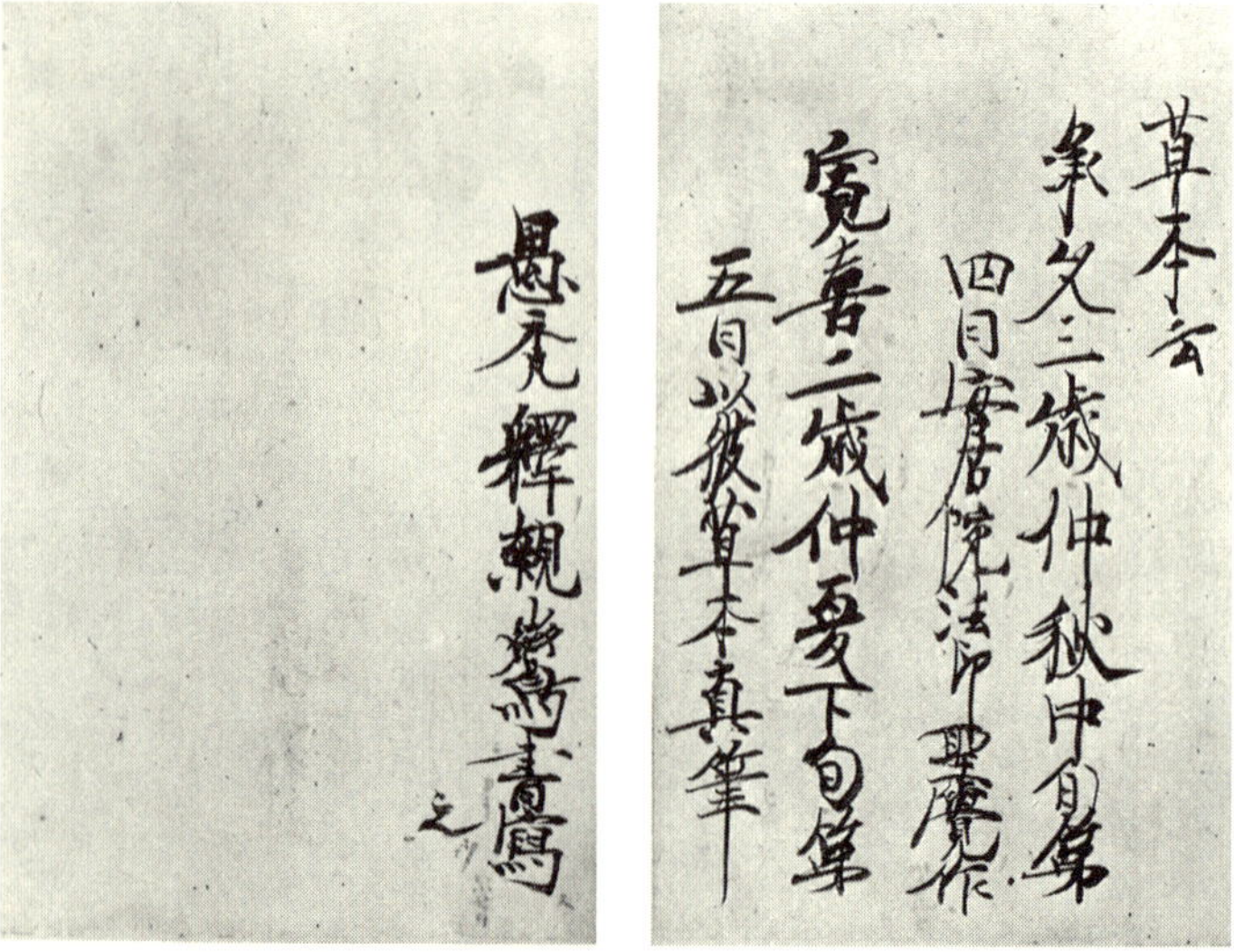
草本云
承久三歳仲秋中旬第四日安居院法印聖覚作
寛喜二歳仲夏下旬第五日以彼草本真筆
愚禿釋親鸞書寫之

図8　『唯信鈔』奥書（専修寺蔵）

の亀裂は深まるばかりです。
でも、聖覚は果たして『唯信鈔』の主張を貫いたのでしょうか。彼が説法を行った史料が『言泉集』などに伝わっていますが、そこには念仏の勧めなどまったく登場しません。さらに東大寺の宗性は、聖覚の十三回忌法要に出仕するため、関係史料を整理して「聖覚法印の作善」というメモを残しています。それを見ますと、

一切経を見る。日野に丈六堂を立つ。（中略）妙法華経を百部摺写《しょうしゃ》す。日吉で逆修《ぎゃくしゅう》七度。法華経を紺泥《こんでい》自筆で書く。多宝塔を建て堂を立つ。

とあり、『唯信鈔』の著者とは思えな

い事績を記しています。しかも文暦二年（一二三五）に聖覚が亡くなった折の中陰仏事では、彼の遺言で延暦寺僧が曼荼羅供《まんだらく》を行っています。聖覚の中陰仏事は台密儀礼で行われたのです。こうして見てくれば、聖覚が実際には『唯信鈔』の思想を生きていなかったのは明白です。彼は確かに『唯信鈔』を執筆しましたが、これを行動原理にはしていません。聖覚の実像は『唯信鈔』ではなく、天台僧にあったのです。

『唯信鈔』と承久の乱

しかし……、それならなぜ、聖覚は『唯信鈔』を執筆したのでしょうか。この質問に答えを出さない限り話は完結しません。これは非常にむずかしい問題です。たいへん難しい問題ではありますが、推測する手がかりが一つだけあります。日付です。『唯信鈔』の執筆が、承久三年（一二二一）八月十四日だという事実です。これはただの日ではありません。承久の乱の直後という、激動の時代に『唯信鈔』は書かれているのです。

承久の乱は承久三年五月十五日に、北条義時の追討を命じた宣旨が発せられたことに始まります。五月二十八日には聖覚が、清水寺の勝軍地蔵および勝敵毘沙門像の供養を行っています。勝軍地蔵と勝敵毘沙門像、この仏像の性格といい、時期といい、またこの時に後鳥羽院の願文が奉納されたことといい、これが戦勝祈願の仏事であったのは明白です。

聖覚は後鳥羽院の戦勝祈願にまで関わっているのです。

ところが戦いはあっけなく決着がつき、六月十五日には幕府軍が入京します。七月八日には後高倉院が院政を始め、九日には仲恭天皇が廃されて後堀河天皇が即位します。そしてこれ以降、『唯信鈔』が執筆された八月十四日までの間に、後鳥羽院・順徳院や雅成親王・頼仁親王が流罪となります。藤原光親・藤原宗行・一条信能ら院の近臣が次々に処刑され、二位法印尊長《そんちょう》は逃亡生活に入ります。この尊長は後鳥羽院側近の延暦寺僧でして、建永の法難で安楽らを処刑した人物です。彼はこののち六年間逃げまどった後、密告されて自害し、果てます。

『唯信鈔』はこうした状況を目の当たりにするなかで構想され執筆されたのです。しかも幕府は十月十三日に醍醐寺曼荼羅堂の供養を行いましたが、そのとき北条泰時は「反逆に加担した門徒を導師にするな」と青蓮院門跡に申し入れています。青蓮院門徒で反逆に加担した人物、しかも導師ということになれば、聖覚を名指しした可能性が高い。またそうでないとしても、彼は明らかにこの条件を満たしています。

つまり『唯信鈔』は天台僧としての聖覚が挫折した、そのただ中で執筆されています。歴史の劇的な転換のなかで、しかも幕府からの処罰におびえる渦中で執筆されたものなのです。中世では貴族でも僧侶でも、人生に躓くと遁世して念仏生活に入るというのが一般的でした。聖覚が念仏に再接近した原因は、ここにあるのかもしれません。

さらに考えるべきは、承久の乱の宗教的意味です。親鸞にせよ、法然伝にせよ、後鳥羽院がなぜ流罪となったかというと、その原因は専修念仏の弾圧にある、と捉えています。後鳥羽院は流罪となり、安楽らを処刑した尊長は逃亡生活に入っている。一方、不遇ななかで法然に帰依した後高倉院は、息子を即位させて院政を始めています。彼は天皇に就くことなく院政を行った唯一の人物です。そして聖覚自身もまた、専修念仏の怨敵ともいうべき後鳥羽院の寵児となって活動してきたため、今は謹慎を余儀なくされて幕府の処分におびえているのです。聖覚が長い間、交渉のなかった専修念仏に接近したのは、そのためかもしれません。

あるいは……、もうこれ以上は小説家に任せるしかありませんが、流罪となった後鳥羽院か、雅成親王のために『唯信鈔』が執筆された可能性もあります。彼らはいずれも流罪後は念仏生活に入っています。法然を弾圧して流罪となった後鳥羽院に、法然思想のエッセンスを教授する、これが『唯信鈔』の目的だったのかもしれません。

しかし聖覚は結局のところ、何の処罰も受けませんでした。承久の乱の処分では、延暦寺僧については政治的配慮から宥免した、と幕府は後に述べています。やがて聖覚は天台僧としての活動を再開し、天台教学の第一人者の地位を確立して鎌倉にまで招請されます。

こうした聖覚の絶頂期に、嘉禄の法難が起きたのです。そして法難の二年後には、彼は但馬の国司に、息子は祇園社別当に補任されています。こうして見てくれば、『唯信鈔』に本当の聖覚はいない、と結論することができるでしょう。

大正デモクラシーのなかで研究を進めてこられた松本彦次郎氏は、『金綱集』の記事を一蹴しました。私は氏の結論に従うことはできませんが、人間は自らの思想を裏切るはずがない、という氏の確信の強さに羨望の念を禁じえません。私もできれば松本さんと同じことを言ってみたい、そう思います。しかし残念なことに、私たちは松本氏の確信がいかに脆弱なものであるかという、苦い現実をすでに知ってしまっているはずです。

七　親鸞と『唯信鈔』

最後に、残された課題について触れておきたいと思います。一つは『唯信鈔』の思想内容の再検討です。私たちはこれまで、『唯信鈔』と『選択集』を近似したものとして扱ってきました。しかし、こうした前提を消し去って、もう一度、虚心坦懐に『唯信鈔』を読み直す必要があるのではないか、そう思います。今まで見えなかったものが視えてくるかもしれません。

また、高田専修寺が所蔵している『唯信鈔』の奥書には、「寛喜二歳仲夏下旬の第五日、彼の草本の真筆を以て愚禿釈親鸞これを書写す」と記されています。つまり東国にいた親鸞は寛喜二年（一二三〇）五月二十五日に、『唯信鈔』の真筆草稿本を入手して書写しています。これは問題の事件から、三年もたっていません。もちろん、東国にいた親鸞は嘉禄の法難での聖覚の役割など知り得ようはずがありません。しかし、なぜ親鸞は真筆の草稿本を入手できたのでしょうか。二人の関係をどのように考えればよいのか、疑問は尽きません。

そして最後は……、親鸞がなぜ東国門弟に聖覚と隆寛の著作を勧めたのか、という問題です。これも根本的に考え直さないといけません。しかしすでに石田瑞麿《みずまろ》氏は、『唯信鈔』と親鸞との思想的異質さに着目し、こうした文献を送付したところに東国門弟の混乱の原因があった、と述べています（『法然と親鸞』秋山書店、一九七八年）。私は、晩年の親鸞は次第に世界に対する思想的な見通しを失っていったと考えていますが、そうしてみれば『唯信鈔』の送付の頃から、親鸞の躓きが始まっていたのかもしれません。

いずれも答えの必要なものばかりですが、親鸞研究から遠ざかってしまった今の私には回答不能なものばかりです。若い研究者の方々に、是非ともこれらの課題に挑戦していただければと思います。

図版一覧

写真協力（五十音順）

専修寺
中央公論新社（『続日本絵巻大成』1・2・4より転載）
奈良国立博物館
百華苑（『叡山浄土教の研究』史料編より転載）

あとがき

私の研究の出発は親鸞である。そして私の研究の最後の着地点も、親鸞にしようと私は思い定めてきた。

私の研究は親鸞に始まって法然へと向かい、そして浄土教そのものへと広がった。やがて、彼らの思想的意味を正確に把握するには、法然や親鸞が対決した顕密仏教の実態を解明することが必要だと考えるようになり、その思想的イデオロギー的研究へと進んだ。さらに顕密仏教の発展を支えた朝廷の宗教政策や、仏教をとりまく国家制度を明らかにすることに向かい、現在では鎌倉幕府が展開した宗教政策の研究を行っている。親鸞からできるだけ遠いところまで飛翔し、そこでの知見をもとにして、最後にもう一度、親鸞研究に還帰する。私は自分の研究の歩みを、このように思い描いていた。

それだけに、今このような形で、親鸞についての概説書を公にすることを私はまったく予定していなかった。あと最低十年は親鸞から遠ざかる方向の研究を行おう、そのように考えていた。実際、今回お世話になった法藏館との間でも、まったく別の論文集の刊行作業を進めていた。

ところが、それを中断して本書の刊行を優先したい、と私は突然考えるようになった。そのきっかけは、「親鸞の善人悪人観」でも触れたように、松本史朗氏の批判である。氏の批判に接して、私は、これまで自分が十分な説明責任を果たしていなかったことに気づき、愕然とした。とすれば不十分ではあっても、現時点での私の考えをできるだけ分かりやすい形で提示する、これが今の私に課せられた責任であると思い至ったのである。

実際、廣瀬杲師が主催されている聞光学舎に招かれて以降、浄土宗・浄土宗西山派や東西本願寺のいろいろな団体に求められて、話をする機会も増えている。その点から考えても、本書の公刊が必要であると感じ、法藏館にご無理をお願いした。

さて、本書では講演調の文体を採用した。これらの講演を行った経験があったのは事実だが、しかし本当の理由は別にある。実際に行った講演と比べると、いずれの話も大幅な組み替えや、書き直しを行っており、その点からいえば講演調に固執する必要はまったくなかった。私がそれを採用したのは、何よりも表現の自由さにある。

ある言説の差別性を説明しようとしても、普通の文体では、なかなかその意味をうまく伝えきれないもどかしさを常々感じていた。しかし講演調なら、中世の差別文言を現代の差別表現に置き換えて語ることが可能である。女人正機説の差別性をくだくだと説明するよりも、女人正機説とは「女は男よりバカだから、弥陀はバカな女をまず救済する」という思想だ、と語る方がはるかに明快であり、本質をついている。こうした表現の自在さは講演調に特有のものであり、それゆえに本書では話し言葉を採用した。

「親鸞と女犯偈」を除けば、本書の話はすべて拙著『日本中世の社会と仏教』（塙書房）に基づいている。話を簡略化したり、議論の組み立てを変えたり、新たな論点を盛り込んだものもあるが、基本的な考えは変わっていない。関心をもたれた方は参看していただければ幸いである。なお概説書という性格から、読みやすさに配慮して、漢文史料を書き下し文に改めたり、カタカナ史料を平仮名や漢字に適宜改めている。この点も、ご了解いただきたい。

本書が成るに当たっては、法藏館の上別府茂・大山靖子氏にたいへんお世話になった。特に大山氏には原稿の細部にいたるまでチェックをしていただいたし、氏の求めで全面改稿したものもある。一人前の編集者に成長したかつての教え子から、きびしい注文やアドバイスを受けるというのは、教師冥利に尽きる楽しい経験であった。

二年ほど前になろうか、南河内・善久寺の谷口圓雄師から、悪人正因説の話をするよう求められたことがある。しかし、これは随分無茶な話だった。論文で読んでも複雑きわまりない話を、一般の信者さんを相手に口頭で説明せよ、というのである。案の定、その講演はお世辞にも成功したとはいえなかったが、しかし師のこの無謀な企画がなければ、本書は成らなかったかもしれない。また大阪大学大学院の高木秀樹氏には校正でお世話になった。それぞれの方にあつくお礼を申し述べたい。

二〇〇一年四月

著者

平　雅行（たいら　まさゆき）

1951年大阪市に生まれる。1975年京都大学文学部史学科卒業。1981年京都大学大学院博士後期課程修了。1984年京都橘女子大学文学部助教授，1986年関西大学文学部助教授，1989年大阪大学文学部助教授，1996年同教授，現在に至る。主な著書に，『日本中世の社会と仏教』（塙書房，1992年），主な論文に，「鎌倉仏教論」（岩波講座『日本通史８　中世２』岩波書店，1994年），「鎌倉における顕密仏教の展開」（『日本仏教の形成と展開』法藏館，2002年），「神仏と中世文化」（『日本史講座　第４巻中世社会の構造』東京大学出版会，2004年），「親鸞の配流と奏状」（『親鸞門流の世界』法藏館，2008年），「中世仏教における呪術性と合理性」（『国立歴史民俗博物館研究報告』157，2010年）など。

親鸞とその時代

二〇〇一年五月二〇日　初版第一刷発行
二〇一二年七月一〇日　初版第六刷発行

著　者　平　雅行
発行者　西村明高
発行所　株式会社　法藏館
京都市下京区正面通烏丸東入
郵便番号　六〇〇-八一五三
電話　〇七五-三四三-〇〇三〇（編集）
〇七五-三四三-五六五六（営業）

印刷・製本　亜細亜印刷株式会社

ISBN978-4-8318-7484-9 C1021